Anonymous

A Smaller Biblia Pauperum

conteynynge thyrtie and eyghte wodecuttes illustratynge the lyfe, parablis, and miraclis off oure blessid Lorde and Savioure Jhesus Crist

Anonymous

A Smaller Biblia Pauperum
conteynynge thyrtie and eyghte wodecuttes illustratynge the lyfe, parablis, and miraclis off oure blessid Lorde and Savioure Jhesus Crist

ISBN/EAN: 9783337189822

Printed in Europe, USA, Canada, Australia, Japan

Cover: Foto ©Lupo / pixelio.de

More available books at **www.hansebooks.com**

A Smaller
Biblia Pauperum.
A.D.: M·D·ccc·lxxxiv.

A SMALLER Biblia Pauperum,

CONTEYNYNGE

THYRTIE AND EYGHTE WODECUTTES

ILLVSTRATYNGE

The Lyfe, Parablis, and Miraclis off Oure Blessid Lorde & Savioure

Jhesus Crist,

With the Propre Descrypciouns theroff extracted frō the Originall Texte

Off IOHN WICLIF,

Somtyme Rector of Lutterworth.

PREFACE BY THE LATE VERIE REV.
ARTHUR PENRHYN STANLEY, D.D.,
Dean of Westminster.

¶ Imprynted atte the sign off The Grasshopper, bye UNWIN BROTHERS, *The Gresham Presse*, inne Little Brigge Strete, inne the parish off S. Anne, Blakfriars, and are to bee solde by T. FISHER UNWIN, atte his shoppe, 26, Pater Noster Square, inne the Citie off London.

M·D·CCC·LXXXIV.

Imprynted bye
UNWIN BROTHERS,
M·D·CCC·LXXXiv.

Note by the Printers.

*D*URING *the year* 1877, *the Caxton Celebration was held in London, and a most extraordinary collection of early printed Books was exhibited at South Kensington. One of the exhibits consisted of a volume of impressions and the blocks themselves, the originals of which have been used for the reductions which illustrate this Volume. This very curious series of original blocks were purchased about sixty years since at Nuremberg, by the late* Mr. SAMS, *of Darlington. They cannot be recognised as belonging to any printed book, and the Artist's mark, which appears on the* 37*th plate, is unknown to any Bibliographer.* M. PASSAVANT, *a wellknown writer on the subject,*

does not appear to have met with it in his researches. It is therefore probable that the blocks were thrown aside and never used, after they had been engraved, till a lapse of nearly four centuries.

They form a kind of "Biblia Pauperum," illustrative of the Life, Miracles, Parables, and Sayings of our Saviour, and, occasionally, typical subjects from the Old Testament are introduced. There are altogether seventy-eight subjects represented on the thirty-eight plates.

A date is engraved on two of the blocks, but it would seem that the figures are transposed, for Authorities at the British Museum agree in reading the date as certainly 1540, but say it is difficult to refer the artistic composition to that period, as it clearly belongs to the end of the previous century.

When these blocks came into our possession in 1877 we found them remarkably clean, free from signs of wear, but extensively worm-eaten; in one or two cases pieces of the surface coming away in the hand. The wood is of a soft kind, quite unlike that used at the present day, and although the style of execution is certainly not equal throughout the whole series, the kind of material used, and the peculiar style of cutting, all go to indicate their great antiquity.

folio v.

Immediately after the Exhibition referred to, these blocks were used in the production of "A New Biblia Pauperum," a Memorial Volume, of which 275 *copies were issued at the price of* One Guinea. *The edition was at once absorbed by the subscribers and general public, and to-day commands a considerable premium. The very characteristic Preface, kindly contributed by the late* Very Rev. Arthur Penrhyn Stanley, D.D., *Dean of Westminster, for that Volume, appears in the following pages. The profits of the Volume were given to the Printers' Pension Corporation.*

We now present A Smaller Biblia Pauperum, *which, though reduced in size, faithfully retains all the peculiarities of the original Blocks, while at the same time we have in other respects added to the interest of the Volume.*

The Text *has been selected from Wiclif's translation of the New Testament, as being the only English Version commonly known at the period when these blocks were originally engraved.*

The Borders and Ornaments *which embellish the letterpress pages are exact fac-similes of those used in a* Book of Hours, *now in the Lambeth Palace Library, printed by T. Kerver, in Paris,* 1525, *and which, by the kind permission of the* late *Archbishop of Canterbury*, we have been able to reproduce.

The Paper has been specially made by hand, in Holland, by precisely the ancient method, and of a texture and colour as nearly as possible to imitate that used in the fifteenth century.

The Binding is in accordance with the style of the period, the design having been taken from an early book in the British Museum.

We have thus endeavoured to produce a very perfect representation of a Book which nearly four hundred years ago may have served the people of that day in place of our now widely disseminated Bible.

UNWIN BROTHERS.

LITTLE BRIDGE STREET,
September, 1884.

Prefatory Notice

BY THE LATE
Very Rev. ARTHUR PENRHYN STANLEY, D.D.,
Dean of Weſtminſter.

HAVE been requeſted by Meſſrs. *Unwin* to ſay a few words by way of Preface to this intereſting work, which conſiſting of the rude attempts, at the beginning of the art of Printing, to diſſeminate by pictures the truths ſo ſoon to be diffuſed far more widely by typography, was fitly called the "Biblia Pauperum," the *Bible of the Poor*. The connection of Caxton's preſs with the precincts of Weſtminſter Abbey has often ſuggeſted the coincidence of the Book and the Church; the art of the printing of the

Book, as *Victor Hugo* obſerved, coming into exiſtence at the moment when the great age of the building of Churches was paſſing away, ſo that, in his forcible language, it was ſaid, "This will kill that—the Book will kill the Church;" or, as we might, in a kindlier ſpirit, expreſs it, "the Church has given birth to the Book." In like manner theſe Antique Woodcuts, dating only ſeven years before the firſt appearance of *Caxton's* firſt printed Engliſh Book, are a fitting memorial of the epoch, commemorated by the Caxton Celebration, when the "Bible of the Poor" for the laſt time appeared in the guiſe of pictures, before it paſſed into cheap, multifarious, illimitable Bibles, which ſhould permeate through all claſſes far more effectually than any pictorial repreſentations. It is exactly the point of meeting, the croſſing, as it were, of the two arts—the image paſſing into ſubſtance—the later education of thought and ſpirit taking the place of the earlier education of ſenſe and figure.

A. P. Stanley.

The Deanery, Westminster.
Nov. 13, 1877.

MATTHEW.

UT the generacioun of crist was thus. Whan mari the modir of ihesus was spousid to Joseph/ bifor thei camen to gidre/ sche was founde hauynge of the holy goost in the wombe/ ⁊ Joseph hir housbonde for he was riȝtful ⁊ wold not pupplische hir/ he wold priuyly haue lefte hir/ but while he thouȝt these thingis/ lo the aungel of the lord apperid to hym in sleep and seide/ Joseph the sone of dauith/ nyle thou dred to take marie thi wijf/ for that thing that is borun in hir/ is of the holi goost/ ⁊ sche schal bere a sone/ ⁊ thou schalt clepe his name ihesus/ for he schal make his puple saaf fro her synnes.

For al this thing was don/ that it schulde be fulfillid that was seid of the lord bi a profete seiynge/ lo a virgyn schal haue in

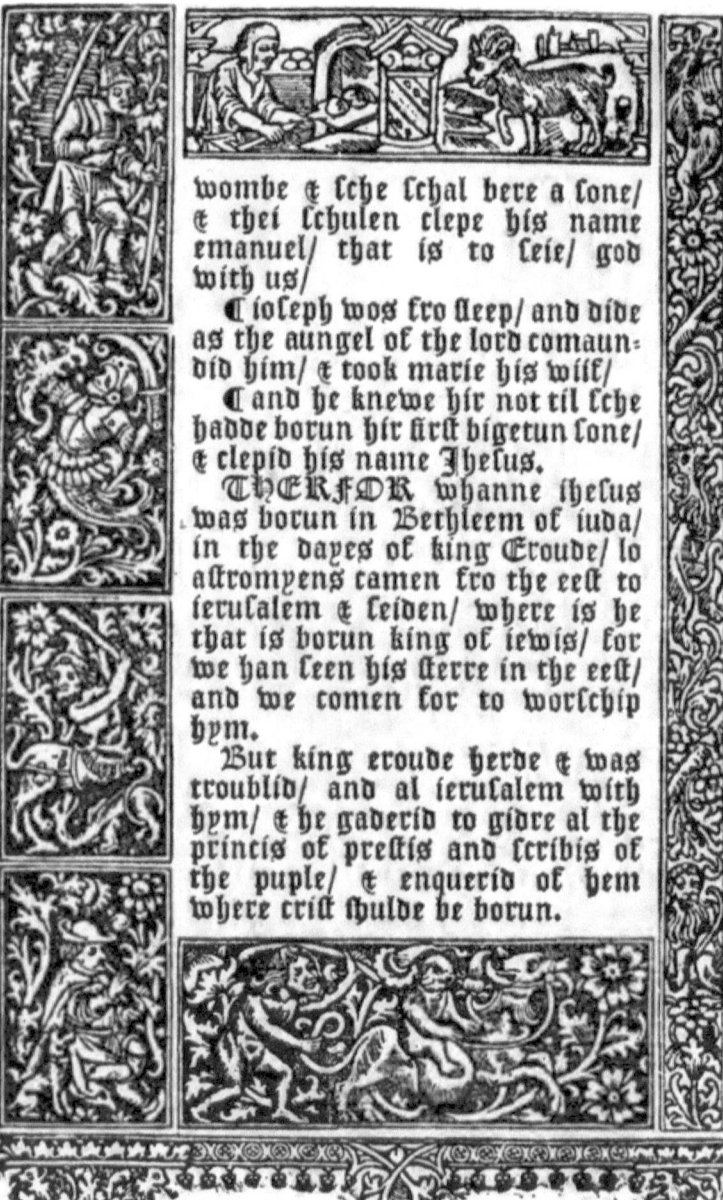

wombe & sche schal bere a sone/
& thei schulen clepe his name
emanuel/ that is to seie/ god
with us/

¶ Ioseph wos fro sleep/ and dide
as the aungel of the lord comaun=
did him/ & took marie his wiff/

¶ and he knewe hir not til sche
hadde borun hir first bigetun sone/
& clepid his name Ihesus.

THERFOR whanne Ihesus
was borun in Bethleem of iuda/
in the dayes of king Eroude/ lo
astromyens camen fro the eest to
ierusalem & seiden/ where is he
that is borun king of iewis/ for
we han seen his sterre in the eest/
and we comen for to worschip
hym.

But king eroude herde & was
troublid/ and al ierusalem with
hym/ & he gaderid to gidre al the
princis of prestis and scribis of
the puple/ & enquerid of hem
where crist shulde be borun.

folio viij.

LUKE.

AND it was don, in tho daies, a maundement wente out fro the emperrour august, that al the world schulde be discryued. This first discryuynge was maud of siryn iustice of sirie. And alle men wenten to make professioun, eche in to his owne citee. And Joseph wente up fro galile, fro the citee nazareth, in to iudee, in to a cite of dauith that is clepid bethleem, for that he was of the hous and of the meynee of dauith, that he schulde knowleche with marie, his wiif that was weddid to hym, and was greet with child.

℃ and it was don while thei weren there, the daies weren fulfillid that sche schulde bere child, and sche bare hir first borun sone, and wlappid hym in clothis, and leide hym in a cracche, for

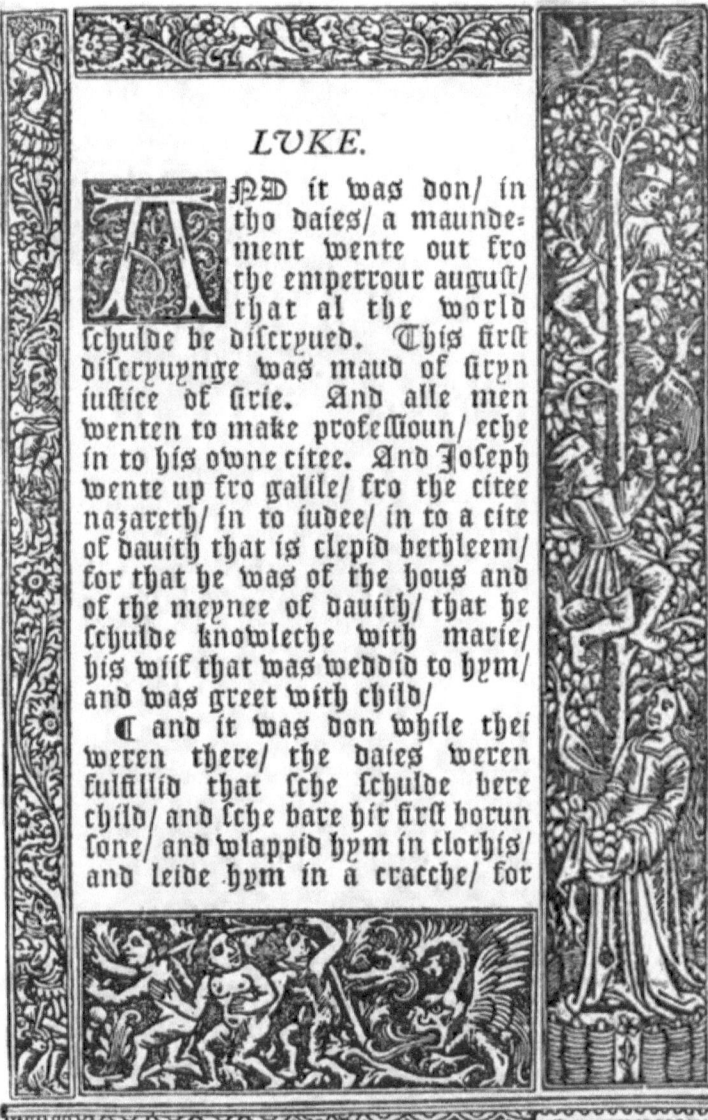

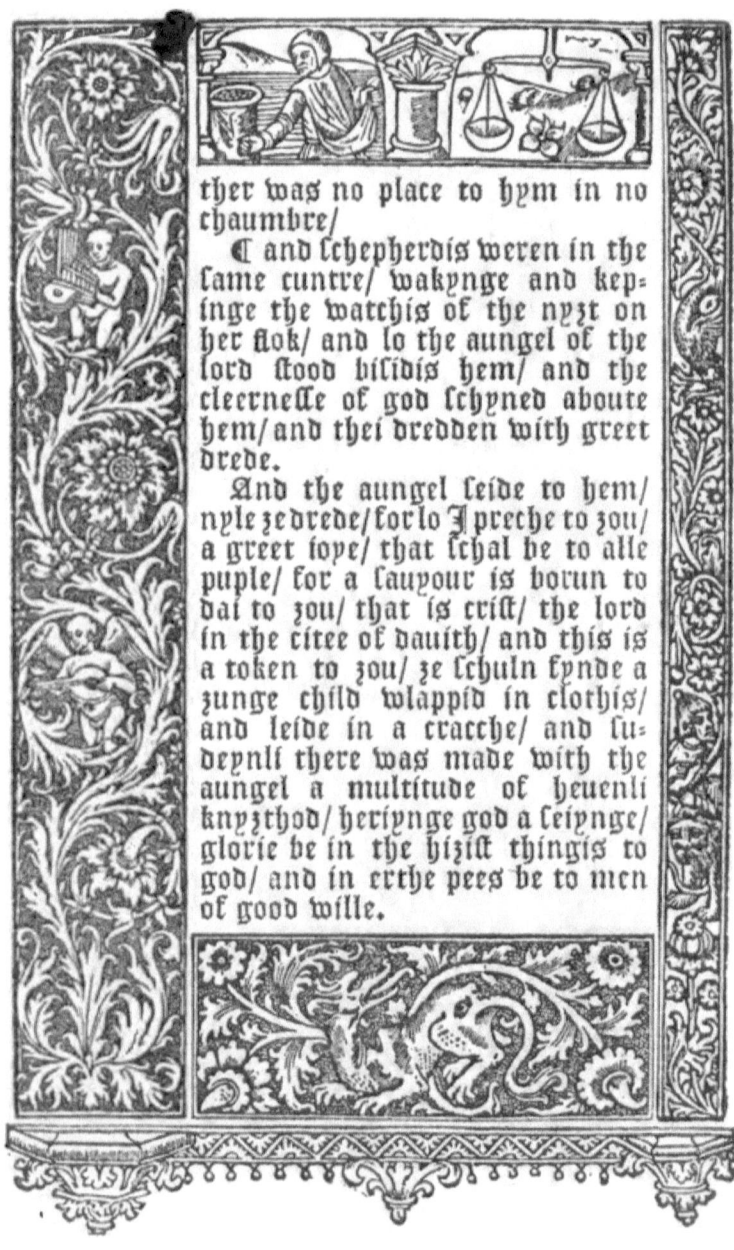

ther was no place to hym in no chaumbre/

⁋ and schepherdis weren in the same cuntre/ wakynge and kepinge the watchis of the nyзt on her flok/ and lo the aungel of the lord stood bisidis hem/ and the cleernesse of god schyned aboute hem/ and thei dredden with greet drede.

And the aungel seide to hem/ nyle зe drede/ for lo I preche to зou/ a greet ioye/ that schal be to alle puple/ for a sauyour is borun to dai to зou/ that is crist/ the lord in the citee of dauith/ and this is a token to зou/ зe schuln fynde a зunge child wlappid in clothis/ and leide in a cracche/ and sudeynli there was made with the aungel a multitude of heuenli knyзthod/ heriynge god a seiynge/ glorie be in the hiзist thingis to god/ and in erthe pees be to men of good wille.

folio x.

LUKE.

ND aftir that the daies of purcacioun of marie weren fulfillid aftir moises lawe/ thei token hym in to ierusalem to offre hem to the lord/ as it is writun in the lawe of the lord/ for eueri male kynde openenynge the wombe/ schal be clepid holi to the lord/ and that thei schuln zeue an offrynge/ aftir that is seide in the lawe of the lord/ a peire of turtus or tweie culuere briddis.

¶ and lo a man was in ierusalem/ whos name was symeon/ and this man was iust and vertuous/ and abood the counforte of israel/ and the holi goost was in hym/ and he hadde taken an answere of the holi goost/ that he schulde not se deeth/ but he saie first the crist of the lord/ and he cam in spirit in to the temple/ and whanne his fadir and modir

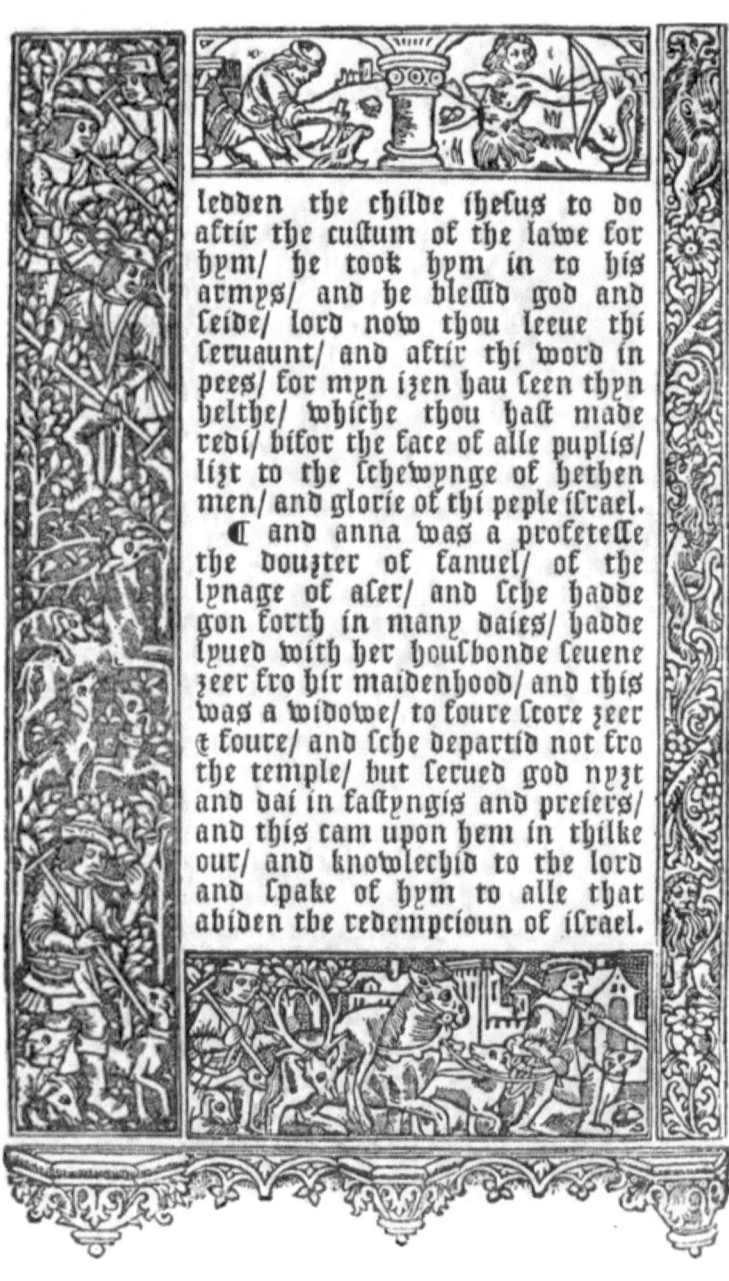

ledden the childe ihesus to do
aftir the custum of the lawe for
hym/ he took hym in to his
armys/ and he blessid god and
seide/ lord now thou leeue thi
seruaunt/ and aftir thi word in
pees/ for myn izen hau seen thyn
helthe/ whiche thou hast made
redi/ bifor the face of alle puplis/
lizt to the schewynge of hethen
men/ and glorie of thi peple israel.
☙ and anna was a profetesse
the douzter of fanuel/ of the
lynage of aser/ and sche hadde
gon forth in many daies/ hadde
lyued with her housbonde seuene
zeer fro hir maidenhood/ and this
was a widowe/ to foure score zeer
& foure/ and sche departid not fro
the temple/ but serued god nyzt
and dai in fastyngis and preiers/
and this cam upon hem in thilke
our/ and knowlechid to the lord
and spake of hym to alle that
abiden the redempcioun of israel.

Folio xij.

MATTHEW.

ND whanne thei
werun gon awei/ lo
the aungel of the
lord/ apperid to ioseph
in sleep/ and seide/
rise up & take the child & his
modir and fle in to egipt/ & be
thou there til that I seye to thee/
for it is come/ that eroude seke
the child for to distri hym/ and
ioseph roos/ & took the child & his
modir by nyzt/ and wente in to
egipt/ & he was there to the deeth
of eroude/ that it schulde be ful-
fillid that was seid of the lord bi
the profete seiynge/ Fro egipt I
haue clepid my sone.

Thanne eroude seynge that he
was disceyued of the astromyens
was ful wrooth/ & he sente & slew
alle the children that weren in
bethleem & in al the coostis therof/
fro is zere age & with yn/ after
the tyme that he had enquerid of

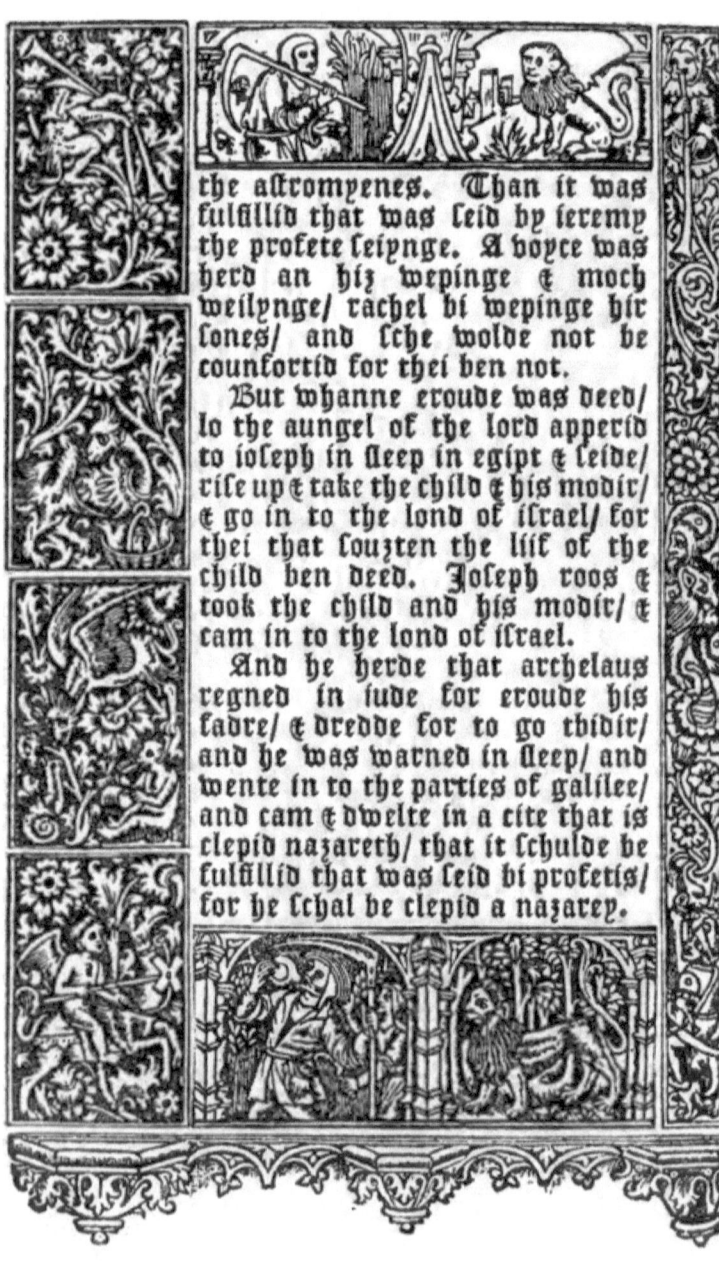

the astromyenes. Than it was fulfillid that was seid by Ieremy the profete seiynge. A voyce was herd an hiʒ wepinge & moch weilynge/ rachel bi wepinge hir sones/ and sche wolde not be counfortid for thei ben not.

But whanne eroude was deed/ lo the aungel of the lord apperid to ioseph in sleep in egipt & seide/ rise up & take the child & his modir/ & go in to the lond of israel/ for thei that souʒten the liif of the child ben deed. Ioseph roos & took the child and his modir/ & cam in to the lond of israel.

And he herde that archelaus regned in iude for eroude his fadre/ & dredde for to go thidir/ and he was warned in sleep/ and wente in to the parties of galilee/ and cam & dwelte in a cite that is clepid nazareth/ that it schulde be fulfillid that was seid bi profetis/ for he schal be clepid a nazarey.

folio xiv.

MATTHEW.

IN tho daies ioon baptist cam & prechid in the desert of iudee & seide/ do ye penaunce for the kyngdom of heuenes schal nyz/ for this is he of whom it is seid bi Isaie the profete seiynge/ a vois of a crier in desert/ make ye redi the weyes of the lord/ make ye rizt the pathis of hym/ and this Joon hadde clothing of camels heris/ and a girdil of skyn aboute his leendis/ & his mete was hony soukis and hony of the wode.

Thanne ierusalem wente out to hym and al iudee/ & al the cuntre aboute iordan/ & thei werun waischen of hym in iordan/ & knowlechiden her synnes.

But he siz many of farisies & of saduces compnge to his baptem/ and seide to hem/ generaciouns of eddris/ who schewid to you to

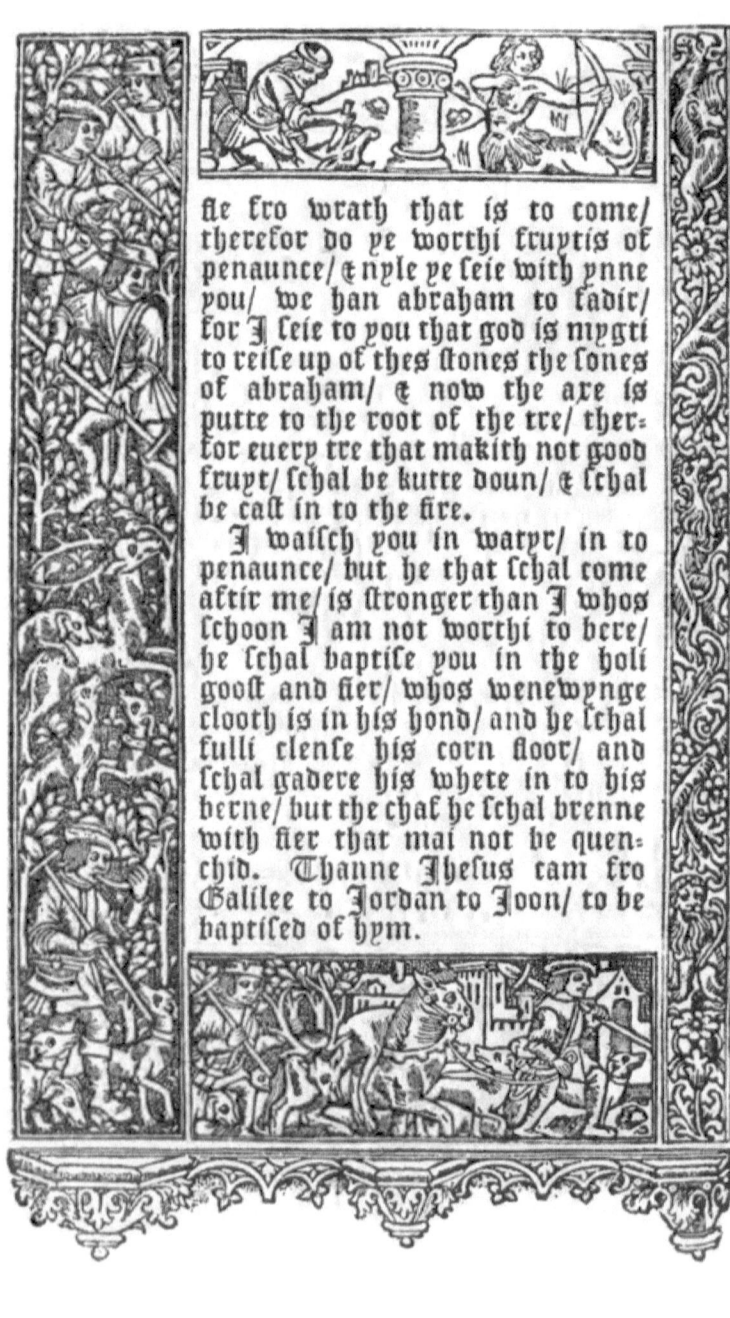

fle fro wrath that is to come/ therefor do ye worthi fruytis of penaunce/ & nyle ye seie with ynne you/ we han abraham to fadir/ for I seie to you that god is mygti to reise up of thes stones the sones of abraham/ & now the axe is putte to the root of the tre/ ther= for euery tre that makith not good fruyt/ schal be kutte doun/ & schal be cast in to the fire.

I waisch you in watyr/ in to penaunce/ but he that schal come aftir me/ is stronger than I whos schoon I am not worthi to bere/ he schal baptise you in the holi goost and fier/ whos wenewynge clooth is in his hond/ and he schal fulli clense his corn floor/ and schal gadere his whete in to his berne/ but the chaf he schal brenne with fier that mai not be quen= chid. Thanne Jhesus cam fro Galilee to Jordan to Joon/ to be baptised of hym.

folio xvi.

folio xbij.

MARK.

OON was in deſert baptiſynge and prech⸗ ynge the baptym of penaunce in to rempſ⸗ tioun of ſynnes/ and al the cuntre of iudee wenten out to hym/ and al men of ieruſalem/ and thei weren baptiſid of hym in the flum Jordan/ and know⸗ lechiden her ſynnes. And Jon was clothid with heeris of camels/ and a girdil of ſkyn was aboute his lendis/ and he ete hony ſoukis/ and wilde hony/ And prechide and ſeide/ a ſtronger than I ſchal come aftir me/ and I am not worthi to knele doun & vnlace his ſchoon/ J haue baptiſid ȝou in water/ but he ſchal baptiſe ȝou in the holi gooſt. And it was don in tho dayes iheſus came fro naza⸗ reth of galilee/ & was baptiſid of Joon in Jordan/ and anoon he wente vp of the watir and ſaie

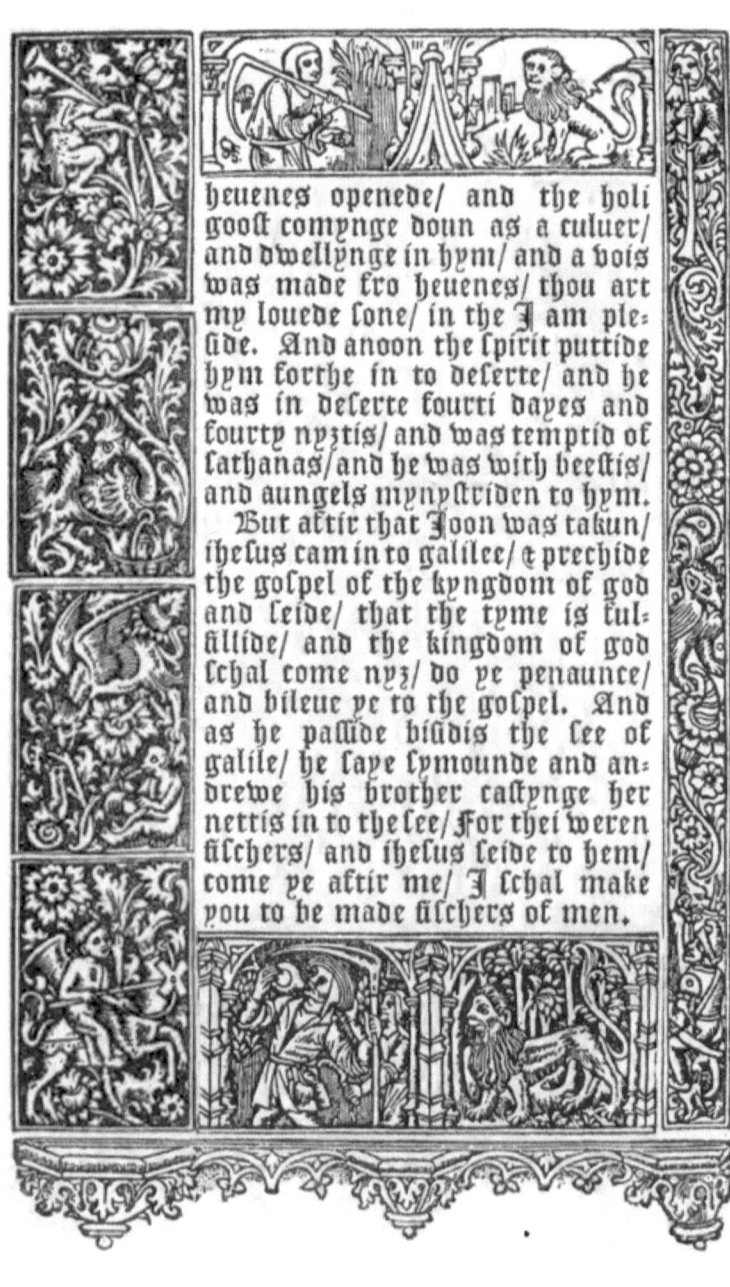

heuenes openede/ and the holi
goost comynge doun as a culuer/
and dwellynge in hym/ and a vois
was made fro heuenes/ thou art
my louede sone/ in the I am ple‐
side. And anoon the spirit puttide
hym forthe in to deserte/ and he
was in deserte fourti dayes and
fourty nyƺtis/ and was temptid of
sathanas/ and he was with beestis/
and aungels mynystriden to hym.
But aftir that Joon was takun/
ihesus cam in to galilee/ ⁊ prechide
the gospel of the kyngdom of god
and seide/ that the tyme is ful‐
fillide/ and the kingdom of god
schal come nyƺ/ do ye penaunce/
and bileue ye to the gospel. And
as he passide bisidis the see of
galile/ he saye symounde and an‐
drewe his brother castynge her
nettis in to the see/ For thei weren
fischers/ and ihesus seide to hem/
come ye aftir me/ I schal make
you to be made fischers of men.

folio xbiij.

MARK.

AND the farisees and summe of the scribis camen fro ierusalem togidir to hym. And whanne thei hadden seen summe of hise disciplis ete breed with vnwasschen hoondis/ thei blameden. The farisees and alle the iewis eten not/ but thei wasschen ofte her hoondis/ holdynge the tradiciouns of eldere men. And whanne thei turnen azen fro cheppyng/ thei eten not/ but thei ben wasschen/ and many other thingis ben/ that ben taken to hem to kepe/ wasschyngis of cuppis/ and of watir vessels/ and of vessels of bras/ and of beddis. And farisees and scribis axiden hym/ and seiden/ Whi gon not thi disciplis aftir the tradicioun of eldere men/ but with vnwasschen hondis thei eten breed? And he answeride/ and seide to hem/

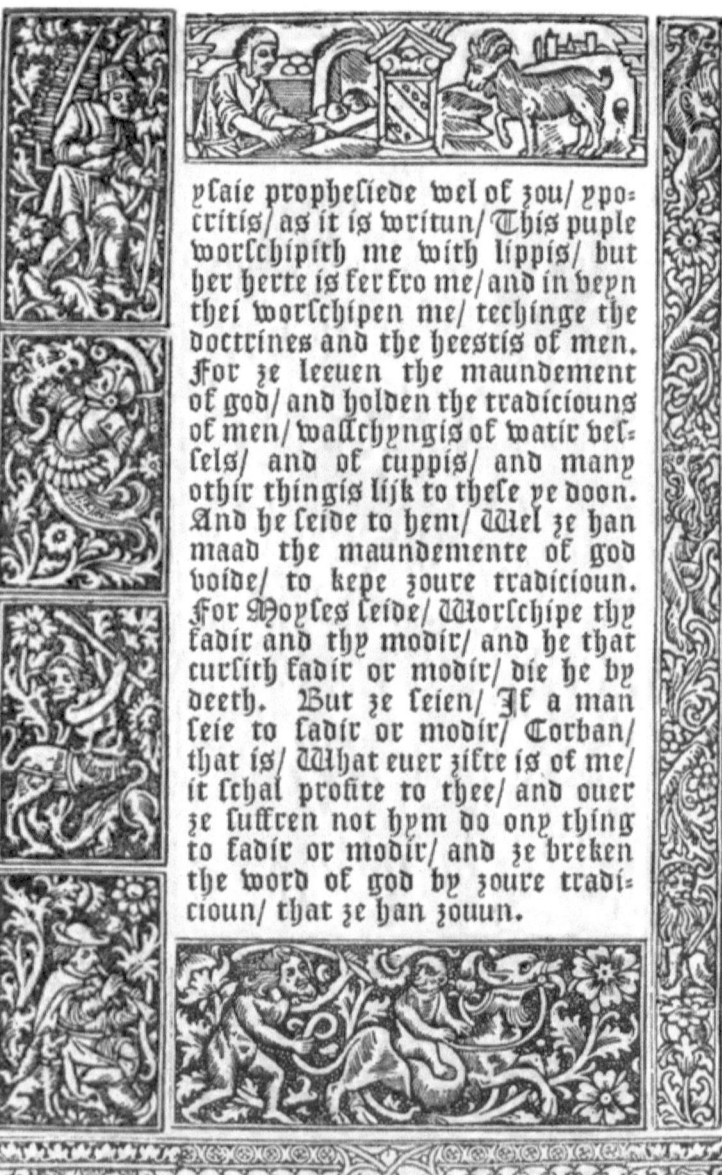

ysaie prophesiede wel of zou/ ypo‐
critis/ as it is writun/ This puple
worschipith me with lippis/ but
her herte is fer fro me/ and in veyn
thei worschipen me/ techinge the
doctrines and the heestis of men.
For ze leeuen the maundement
of god/ and holden the tradiciouns
of men/ wasschyngis of watir ves‐
sels/ and of cuppis/ and many
othir thingis lijk to these ye doon.
And he seide to hem/ Wel ze han
maad the maundemente of god
voide/ to kepe zoure tradicioun.
For Moyses seide/ Worschipe thy
fadir and thy modir/ and he that
cursith fadir or modir/ die he by
deeth. But ze seien/ If a man
seie to fadir or modir/ Corban/
that is/ What euer zifte is of me/
it schal profite to thee/ and ouer
ze suffren not hym do ony thing
to fadir or modir/ and ze breken
the word of god by zoure tradi‐
cioun/ that ze han zouun.

folio xx.

MARK.

ND he seide to hem/ in that dai whanne euenynge was come/ passe we azenward/ and thei lefren the puple/ and token hym/ so that he was in a boot and othere botis weren with hym.

And a greet storme of wynde was made/ and kest wawis in to the boot/ so that the boot was ful/ and he was in the hyndir part of the boot/ and sleppte on a pelewe/ and thei reisen hym/ and seiden to hym/ maistir perteyneth it not to thee/ that we perischen/ and he roos vp and manasside the wynde/ and seide to the se/ be stille were doumbe/ and the wynde ceesde/ and greet pesiblenes was made/ and he seide to hem/ what dreden ye/ ye han no feith zit/ and thei dreden with greet drede/ and seiden to eche other/ who gessist thou

is this/ for the wynde and the see obeischen to hym.

And thei camen ouere the see/ in to the cuntre of gerazenes/ and aftir that he was gon out of the boot/ anoon a man in an vnclene spirit ranne out of buriels to hym/ whiche man hadde an hous in biriels/ and nether with chaynes now myȝte ony man bynde hym/ for oft tymes he was bounden in stockis and cheynes and he hadde broken the cheynes and hadde brokun the stockis to smale gobetis/ and no man myȝte make hym tame/ & euermore nyȝt and day in birielis and in hillis/ he was criynge/ and betynge hymsilf with stones/ and he siȝ ihesus afer and ranne and worschipide hym/ and he cried with greet vois and seide/ what to me and to thee/ thou ihesus the sone of the hiȝist god/ I coniure thee bi god/ that thou turmente me not.

folio xxij.

LUKE.

ND lo a synful womman that was in the citee/ as sche knewe that ihesus sate at the mete/ in the hous of the farisie/ sche brouȝte an alabastre boxe of oynement/ and sche stode bihinde bisidis hise feet/ and bigan to moiste his feet with teeris/ and wipid with the heeris of hir heed/ and kiste hise feet/ and anointid with oynement. ⁋And the farisie seynge that hadde clepid him/ seide with ynne hym silf seiynge/ if this were a profete/ he schulde wite/ who and what maner womman it were that touchith him/ for sche is a synful womman/ and ihesus answerid and seide to hym/ Symount I haue summe thing to seie to thee/ and he seide/ maistir seie thou/ and he answerid these dettouris weren to oo leener/ and oon ouȝte fyue

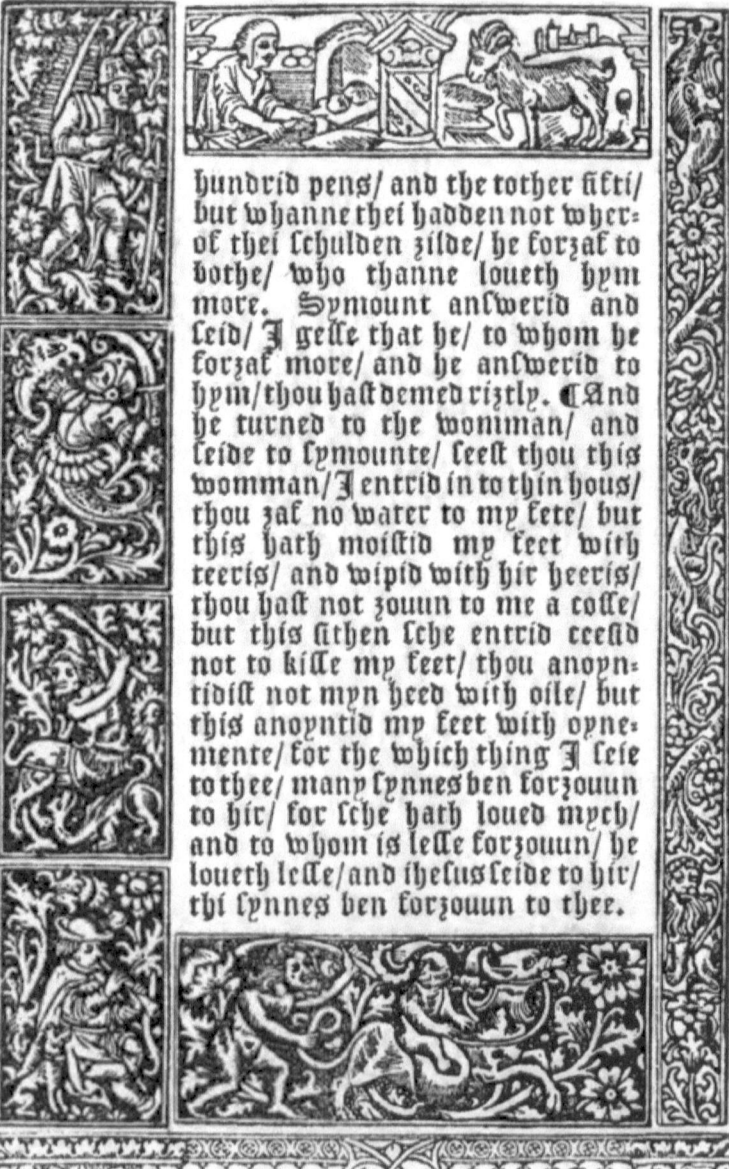

hundrid pens/ and the tother fifti/ but whanne thei hadden not wherof thei schulden zilde/ he forzaf to bothe/ who thanne loueth hym more. Symount answerid and seid/ I gesse that he/ to whom he forzaf more/ and he answerid to hym/ thou hast demed riztly. ⁌And he turned to the womman/ and seide to symounte/ seest thou this womman/ I entrid in to thin hous/ thou zaf no water to my fete/ but this hath moistid my feet with teeris/ and wipid with hir heeris/ thou hast not zouun to me a cosse/ but this sithen sche entrid ceessid not to kisse my feet/ thou anoyntidist not myn heed with oile/ but this anoyntid my feet with oynemente/ for the which thing I seie to thee/ many synnes ben forzouun to hir/ for sche hath loued mych/ and to whom is lesse forzouun/ he loueth lesse/ and ihesus seide to hir/ thi synnes ben forzouun to thee.

folio xxib.

MARK.

ND oon of the cumpenye anſwerid and ſeide/ maiſtir I haue brouȝt to thee my ſone/ that hath a doumbe ſpirit/ and where euer he takith hym/ he hurtlith hym doun/ and he cometh and betith togidre with teeth/ and wexith drie/ and I ſeide to thi diſciplis that thei ſchulden caſt hym out/ and thei myȝten not/

⁋and he anſwerid to hem and ſeide/ A thou generacioun out of bileue/ hou long ſchal I be among ȝou/ hou long ſchal I ſuffre ȝou/ bringe ȝe hym to me.

⁋and he axed his fadir/ hou long is it ſith this hath falle to hym/ and he ſeide/ fro childehood/ and ofte he hath putte hym in to fer/ and in to watir to leſe hym/ but if thou maiſt ony thing help vs/ and haue merci on vs/ and

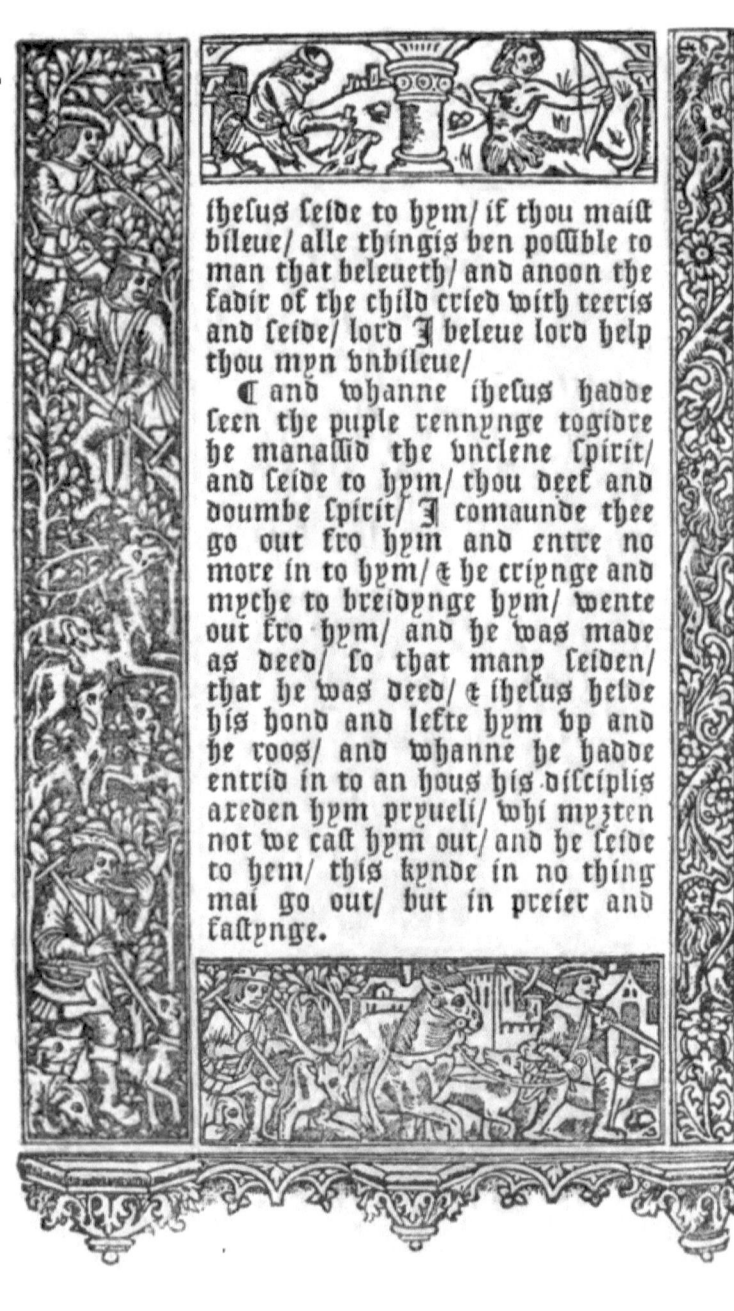

Ihesus seide to hym/ if thou maist
bileue/ alle thingis ben possible to
man that beleueth/ and anoon the
fadir of the child cried with teeris
and seide/ lord I beleue lord help
thou myn vnbileue/

℃ and whanne ihesus hadde
seen the puple rennynge togidre
he manassid the vnclene spirit/
and seide to hym/ thou deef and
doumbe spirit/ I comaunde thee
go out fro hym and entre no
more in to hym/ ℸ he criynge and
myche to breidynge hym/ wente
out fro hym/ and he was made
as deed/ so that many seiden/
that he was deed/ ℸ ihesus helde
his hond and lefte hym vp and
he roos/ and whanne he hadde
entrid in to an hous his disciplis
axeden hym pryueli/ whi myȝten
not we cast hym out/ and he seide
to hem/ this kynde in no thing
mai go out/ but in preier and
fastynge.

folio xcvi.

MATTHEW.

AND whanne hes twelue disciplis werun clepid togidre/ he ʒaf to hem power of vnclene spiritis/ to cast hem out of men/ and to hele eueri languore and sikenesse.

¶ Jhesus sente these twelue/ & comaundid hem and seide/ go ye not in to the weye of hethen men/ and entre ye not in to the citees of samaritans/ but rather go ye to the schepe of the hous of israel that han perischid. And go ye/ and preche ye and seie that the kingdom of heuenes schal nyʒ/ hele ye sike men/ reise ye deed men clense ye mysels/ cast ye out deuelis/ freli ye han takun/ freli ʒeue ye/ Nile ye weeld gold ne siluer ne money in ʒoure girdlis/ not a scrippe in the weye/ nether two cootis/ nether schon nether a ʒerd/ for a werk man is wothi his mete/

¶In to what euer cite or castel
ye schuln entre/ are ye who ther=
ynne is worthi/ & there dwelle ye
til ye gon out/ and whanne ye goen
in to an hous/ grete ye it/ and seien/
pees to this hous/ and if thilke hous
be worthi/ ʒoure pees schal come on
it/ but if that hous be not worthi/
ʒoure pees schal turne aʒen to you/

¶and who euer resceyueth not
ʒou nether heerith ʒoure wordis/
go ye fro that hous or citee/ and
sprynge of the dust of ʒoure feet/
truli I seie to ʒou/ it schal be more
suffrable to the lond of men of
Sodom and of Gommor/ In the
dai of Iugement/ thanne to thilke
cite/

¶lo I sende ʒou as scheep in the
myddil of wolues/ therfor be ye
sliʒe as serpentis/ and symple as
dowues/ but be ye ware of men/
for thei schuln take ʒou in counce-
lis/ and thei schuln bete ʒou in her
synagogis.

folio xxvlij.

MATTHEW.

BUT whan Joon in boondis hadde herde the werkis of crist/ he sente tweyne of hise disciplis/ and seide to hym/ art thou he that schal come/ or we abiden an other/ and ihesus answerid and seide to hem/ go ye and telle azen to Jon thoo thingis that ye han herd and seyn/ blinde men seen/ crokid men gon/ my‑ sels ben made clene/ deef men heren/ deed men risen azen/ pore men ben taken to prechynge of the gospel/ and he is blessid that schal not be sclaundrid in me/ & whanne thei weren gon aweye/ ihesus bigan to seie of Jon to the puple/ what thing wenten ye out in to desert to se/ a reed wawid with the wynde/ or what thing wenten ye out to se/ a man clothid with softe clothis/ lo thei that ben clothid with softe clothis/ ben in

the housis of kyngis/ but what thing wenten ye out to se/ a pro‍fete/ ʒhe I seie to you/ & more thanne a profete/ for this is he of whom it is writun/ lo I sende myn aungel bifor thi face/ that schal make redi thi weye bifor thee.

Ctruli I seie to ʒou/ there roos noon more thanne Johnn Baptist among the children of wommen/ but he that is lesse in the kyngdom of heuenes/ is more thanne he/ and fro the daies of Joon Baptist til now/ the kyngdom of heuenes suf‍frith violence/ & violent men rauy‍schen it/ for alle profetis and the lawe til to Jon profeciden/ and if ye wolen resceyue/ he is elie that is to come/ he that hath eeris of herynge/ here he.

But to whom schal I gesse this generacioun like/ it is like to chil‍dren sittynge in cheppynge/ that crien to her peeris.

folio xxx.

MATTHEW.

THANNE summe of the farisies & of the scribis/ answereden to him & seiden/ Maistir we wolen se a token of thee/ which answerid & seide to hem/ an yuel kynrede & a spouse breker/ sekith a tokene/ & a token schal not be zouun to it/ but the token of Jonas the profete/ for as Jonas was in the wombe of a whaal thre daies & thre nyztis/ so mannes sone schal be in the herte of the erthe thre daies and thre nyztis/ & men of nynyue schulen rise in doom with this generacioun and schulen condempne it/ for thei diden penaunce in the prechynge of Jonas/ and lo here a gretter than Jonas/ The qwene of the south schal rise in doom with this generacioun & schal condempne it/ for sche cam fro the endis of the erthe to here the wisdom of salo-

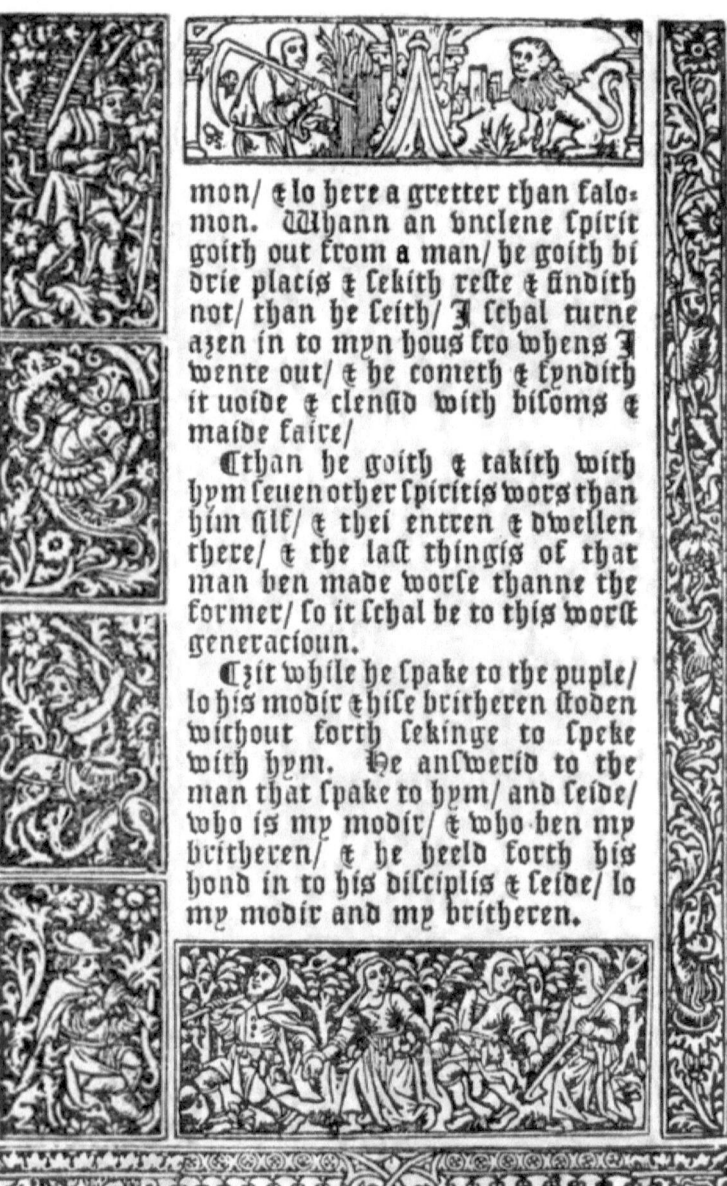

mon/ & lo here a gretter than salomon. Whann an vnclene spirit goith out from a man/ he goith bi drie placis & sekith reste & findith not/ than he seith/ I schal turne azen in to myn hous fro whens I wente out/ & he cometh & fyndith it voide & clensid with bisoms & maide faire/

Than he goith & takith with hym seuen other spiritis wors than him silf/ & thei entren & dwellen there/ & the last thingis of that man ben made worse thanne the former/ so it schal be to this worst generacioun.

Zit while he spake to the puple/ lo his modir & hise britheren stoden without forth sekinge to speke with hym. He answerid to the man that spake to hym/ and seide/ who is my modir/ & who ben my britheren/ & he heeld forth his hond in to his disciplis & seide/ lo my modir and my britheren.

folio xxxij.

MATTHEW.

HE spake to hem many thingis in parablis & seide/ lo he that sowith ȝede out to sowe his seed/ ¶and while he sowith/ sum seed is fillen bisidis the wey/ and briddis of the eir camen/ and eten hem/ but othir sedis fillen in to stony placis/ where thei hadden not moch erthe/ & anoon thei sprungun vp/ for thei hadden not depnes of erthe/ but whan the sunne was risen/ thei swaliden/ & for thei hadden not roote thei dried up/ & other sedis fillen among thornes/ & thornes woxen up/ & strangliden hem/ but other seed is fillen in to good lond/ and ȝauen fruyt/ sum an hundride foold/ another sixti foold/ an other thritti foold/ he that hath eeris of heringe/ here he.

¶& the disciplis camen nyȝ/ & seiden to him/ whi spekist thou in

parablis to hem/ ⁊ he answeride
⁊ seid to hem/ for to you it is youun
to knowe the priuytees of the king‐
dom of heuenes/ but it is not youun
to hem/ for it schal be youun to hym
that hath/ ⁊ he schal haue plente/
but if a man hath not/ also that
thing that he hath/ schal be taken
awey fro him/ therfor I speke to
hem in parablis/ for thei seinge/
se not/ ⁊ thei heringe heren not/
nether vndirstonden/ that the pro‐
fecie of Isaie seiynge be fulfillid in
hem/ with heringe ye schulen here
⁊ ye schulen not vndirstond and ye
seynge/ schulen se/ and ye schuln
not se/ for the herte of this puple
is greetli fattid/ and thei herden
heuyli with eris/ and thei han clo‐
sid her iȝen/ leest sumtyme thei seen
with iȝen and heren with eeris ⁊
vndirstonden in herte/ and thei ben
conuertid ⁊ I heele hem/ ⸿but
youre iȝen that seen ben blessid/ ⁊
youre eeris that heren.

folio xxxiv.

MATTHEW.

NOTHER parable Jhesus puttid forth to hem and seide/ the kyngdom of heuenes is made like to a man that sewe good seed in his feeld/ and whanne men slepten/ his enemy cam and sewe aboue taris in the myddil of whete/ & wente awei/ but whanne the erbe was growun & made fruyt/ thanne the taris appereden/ & the seruauntis of the housbonde man camen and seiden to him/ lord where thou hast not sowun good seed in thim feeld/ wherof thanne hath it taris/ & he seide to hem/ an enemy hath don this thing/ & the seruauntis seiden to him/ wolt thou we gon & gadre hem/ & he seide/ nai/ lest perauenture ye in gaderinge taris/ drawen vp with hem the whete bi the root/ suffre ye hem bothe were in to repynge tyme/ & in the tyme of ripe

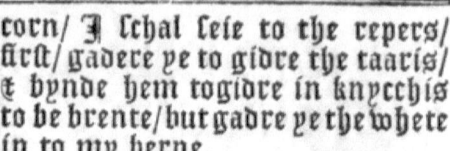

corn/ I schal seie to the repers/ first/ gadere ye to gidre the taaris/ & bynde hem togidre in knycchis to be brente/ but gadre ye the whete in to my berne.

Another parable ihesus putte forth to hem and seide/ the kyngdom of heuenes is like to a corne of syneuey/ whiche a man took & sewe in his feeld/ which is the leest of alle sedis/ but whanne it hath woren/ it is the moste of alle wortis/ & is made a tree/ so that briddis of the eir/ comen & dwellen in the bowis therof.

Another parable ihesus spak to hem/ the kyngdom of heuene is like to sourdouȝ/ which a womman took & hid in thre mesuris of mele/ til it were al sourid.

Ihesus spak alle these thingis in parablis to the puple/ & he spak not to hem without parablis/ that it schulde be fulfillid/ that is seid bi the profete.

folio xxxvi.

& seide to hir/ a womman/ thi feith is greet/ be it doon to thee/ as thou wilt/ & hir douʒtir was hilid fro that our.

And whanne ihesus hadde passid fro thennes/ he came bisidis the see of galale/ and he ʒede vp in to an hil/ & sat there/ and myche peple came to hym/ and hadden with hem doumbe men/ & crokid/ & feble and blynde & many other/ and castiden doun hem at his feet/ & he helide hem/ so that the puple wondride/ seynge doumbe men spekynge/ & crokide men goynge blynde men seynge/ & thei magnysieden god of israel.

And ihesus whanne hise disciplis weren clepid togidre/ seide to hem/ I haue reuthe of the puple/ for thei han abiden now thre dayes with me & han no thing to ete/ and I wole not leue hem fastynge/ leste thei failen in the weye.

folio xxxviii.

folio xxxix.

MATTHEW.

ND whanne hise disciplis camen ouer the see/ thei forʒaten to take looues/ ⁊ he seide to hem/ bihold ye ⁊ be ware of sourdouʒ of Pharisees ⁊ saduceis/ ⁊ thei thouʒten among hem/ ⁊ seiden/ for we han not take looues/ ʒit vndirstonden not ye nether han mynde of fyue loues in to fyue thousand of men/ ⁊ hou many cofyns ye token/ nether of seuene looues in foure thousand of men/ and hou many lepus ye token.

Whi vndirstonde ye not/ for I seide not to ʒou of breed/ be ye ware of the sourdouʒ of Pharisees ⁊ saduceis/ thanne thei vndirstoden/ that he seide not be ware of sourdouʒ of loues/ but of the techynge of farisees ⁊ saduceis.

And ihesus cam in to the partis of cesarie of philip/ ⁊ axxd hise disciplis and seide/ whom seien men

F

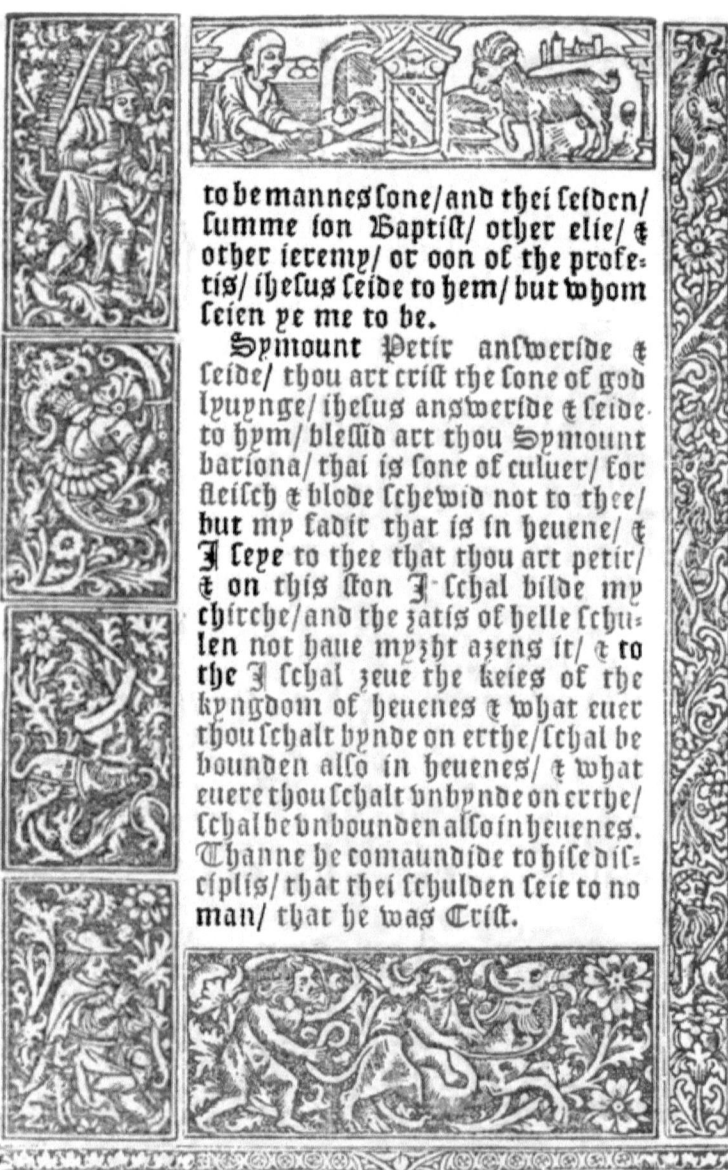

to be mannes sone/ and thei seiden/ summe son Baptist/ other elie/ ⁊ other ieremy/ or oon of the profetis/ ihesus seide to hem/ but whom seien ye me to be.

Symount Petir answeride ⁊ seide/ thou art crist the sone of god lyuynge/ ihesus answeride ⁊ seide to hym/ blessid art thou Symount bariona/ that is sone of culuer/ for fleisch ⁊ blode schewid not to thee/ but my fadir that is in heuene/ ⁊ I seye to thee that thou art petir/ ⁊ on this ston I schal bilde my chirche/ and the zatis of helle schulen not haue myʒht azens it/ ⁊ to the I schal zeue the keies of the kyngdom of heuenes ⁊ what euer thou schalt bynde on erthe/ schal be bounden also in heuenes/ ⁊ what euere thou schalt vnbynde on erthe/ schal be vnbounden also in heuenes. Thanne he comaundide to hise disciplis/ that thei schulden seie to no man/ that he was Crist.

folio xl.

MATTHEW.

IN that oure the discí=
plis camen to ihesus
& seiden/ who gosselt
thou is gretter in the
kyngdom of heuenes/
& ihesus clepid a litil child/ & put
hem in the myddil of hem/ and
seide/ I seye treuthe to you/ but ye
be turned & made as litil children/
ye schulen not entre in to the kyn=
dom of heuenes/ therfor who euer
mekith him as this litil child/ he
is gretter in the kyngdom of heu=
enes/ & he that resceyueth oon suche
litil child in my name/ resceyueth
me/ but who so sclaundreth oon of
these smale that bileuen in me it
spedith to hym/ that a mylle stoon
of assis be hangid in his necke & he
be drenchid in the depnesse of the
see/ wo to the world for sclaundris/
For it is nede/ that sclaundris
come/ netheles wo to thilke man/
bi whom a sclaundre cometh.

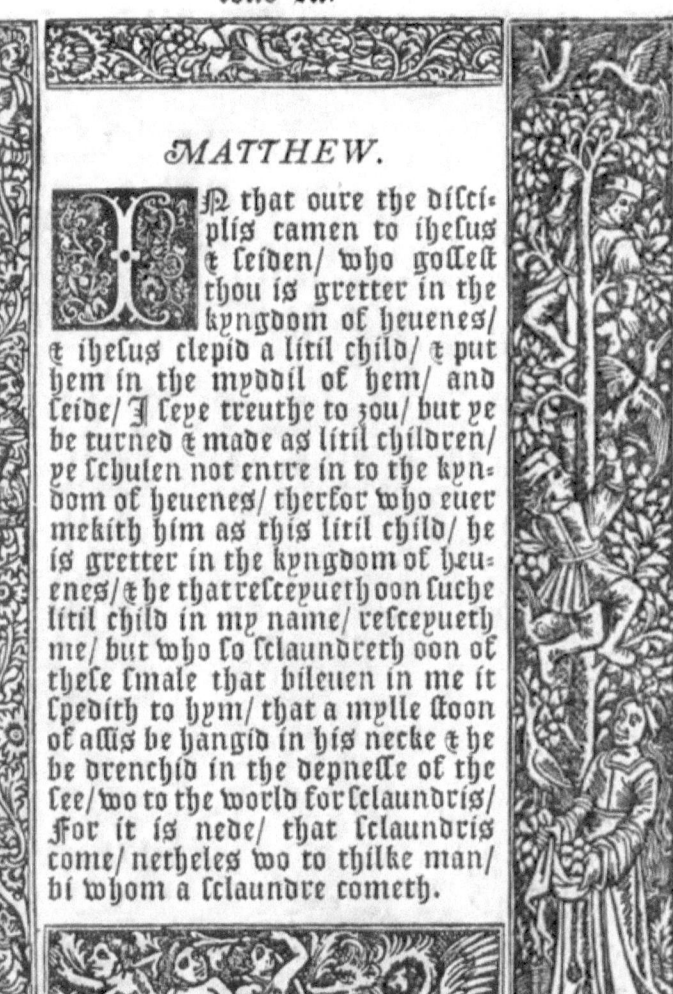

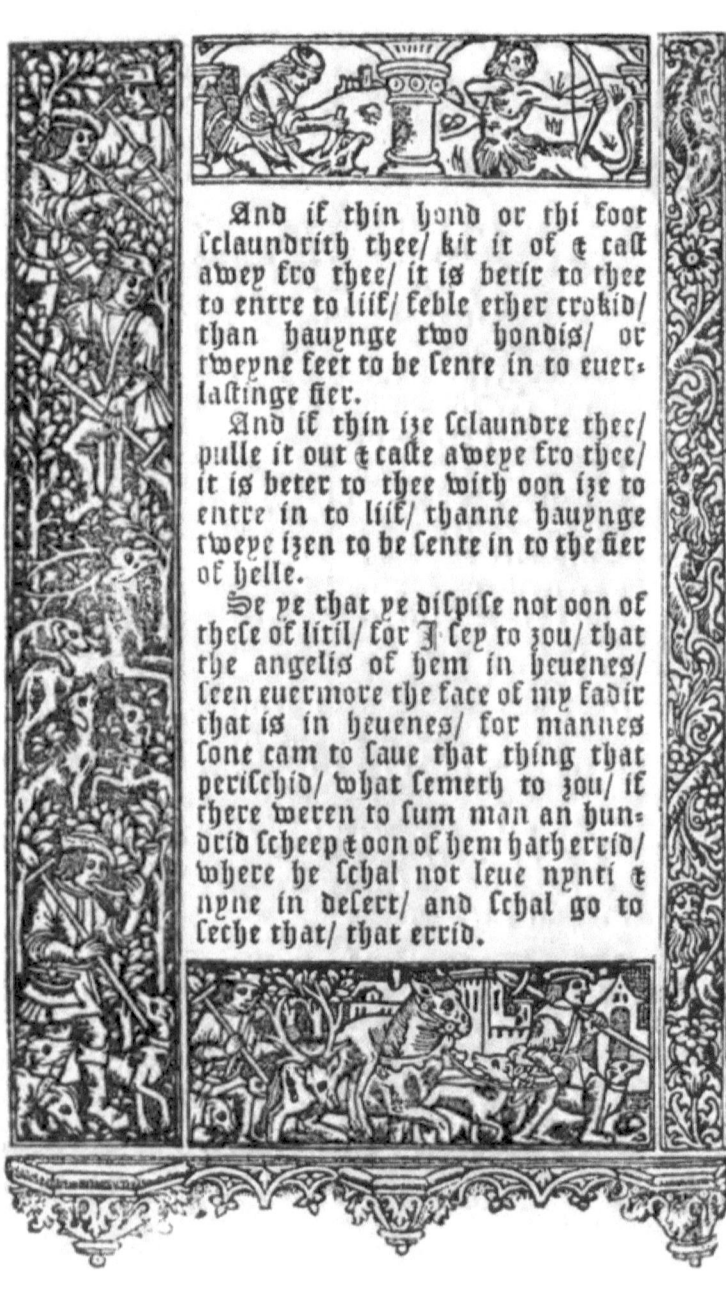

And if thin hond or thi foot sclaundrith thee/ kit it of & cast awey fro thee/ it is betir to thee to entre to liif/ feble ether crokid/ than hauynge two hondis/ or tweyne feet to be sente in to euerlastinge fier.

And if thin iȝe sclaundre thee/ pulle it out & caste aweye fro thee/ it is beter to thee with oon iȝe to entre in to liif/ thanne hauynge tweye iȝen to be sente in to the fier of helle.

Se ye that ye dispise not oon of these of litil/ for I sey to ȝou/ that the angelis of hem in heuenes/ seen euermore the face of my fadir that is in heuenes/ for mannes sone cam to saue that thing that perisshid/ what semeth to ȝou/ if there weren to sum man an hundrid scheep & oon of hem hath errid/ where he schal not leue nynti & nyne in desert/ and schal go to seche that/ that errid.

folio xlij.

JOHN.

HERFOR ihesus cam in a citee of samarie/ that is clepid sikar/ bisidis the place that Jacob zaf to Josep his sone/ and the welle of Jacob was there/ and ihesus was weri of the iournei/ and sat thus on the welle/

¶and the our was as it were the sixte/ and a womman cam fro samarie/ to drawe watir/ and ihesus seith to hir/ zeue me drynke/ therfor thilke womman of samarie seith to hym/ hou thou whanne thou art a iewe/ axist of me drynke that am a womman of samarie/ for iewis usen not to dele with samaritans/ ihesus answerid and seide to hir/ eche man that drynkith of this watir/ schal thirst eftsone/ but he that drynkith of the watir that I schal zeue hym/ schal not thirst withouten ende.

And camen to hym/ in the meene

while hise disciplis preieden hym and seiden/ maistir ete/ but he seide to hem/ I haue mete to ete/ that ye knowen not/ therfor the disciplis seiden to gidre/ whether ony man hath brouȝte hym mete to ete/ ihesus seith to hem/ my mete is that I do the wille of hym that sente me/ that I perfourme the werk of him.

Whether ye seien not/ that ȝit foure monethis ben/ and ripe corne cometh/ lo I seie to ȝou/ lefte up ȝoure iȝen and se ye the feldis/ for now thei ben white to repe/ and he that repith/ takith hire/ and gaderith frupt in to euerlastinge liif/ that bothe he that sowith and he that ripith/ haue ioie to gidre/ in this thing is the word trewe/ for another is that sowith and another that repith/ I sente ȝou to repe that that ye han not traueilid/ other men han traueilid/ and ye han entrid in to her traueilis.

folio xlix.

JOHN.

AND in Ierusalem is a waisſchynge place/ that in ebrewe is named bethſaida/ and hath fyue porchis/ in theſe laie a greete multitude of ſike men/ blinde/ crokid/ and drie/ abidynge the mouynge of the watir/ for the aungel of the lord cam doun certeyn tymes in to the watir/ and the watir was moued/ and he that firſt cam doun in to the ſiſterne aftir the mouynge of the watir was made hool of what euer ſikeneſſe he was holden/ and a man was there hauynge eiȝte and thritti ȝeer in his ſikeneſſe/ and whanne iheſus hadde ſeen hym liggynge and hadde knowen/ that he hadde myche tyme/ he ſeith to him/ wolt thou be made hool/ the ſike man anſwerid to hym/ lord I haue no man that whanne the water is moued to putte me in to the ciſ-

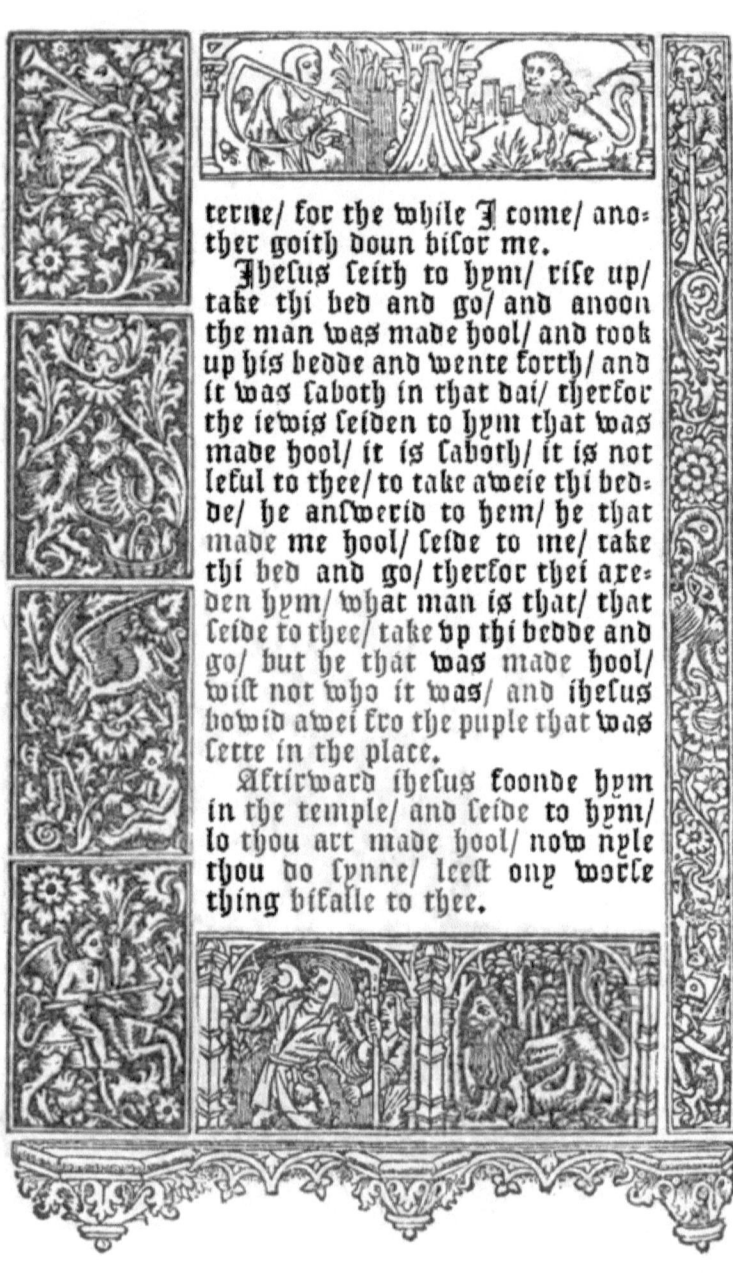

terne/ for the while I come/ another goith doun bifor me.

Jhesus seith to hym/ rise up/ take thi bed and go/ and anoon the man was made hool/ and took up his bedde and wente forth/ and it was saboth in that dai/ therfor the iewis seiden to hym that was made hool/ it is saboth/ it is not leful to thee/ to take aweie thi bedde/ he answerid to hem/ he that made me hool/ seide to me/ take thi bed and go/ therfor thei areden hym/ what man is that/ that seide to thee/ take vp thi bedde and go/ but he that was made hool/ wist not who it was/ and ihesus bowid awei fro the puple that was sette in the place.

Aftirward ihesus foonde hym in the temple/ and seide to hym/ lo thou art made hool/ now nyle thou do synne/ leest ony worse thing bifalle to thee.

folio xlvi.

folio xlvij.

JOHN.

HERFOR thei seiden to hym/ what tokene thanne doist thou/ that we seen and bileue to thee/ what worchist thou/ oure fadris eten manna in deserte/ as it is writun/ he 3af to hem breed/ fro heuene to ete/ therfor ihesus seith to hem/ truli truli I seie to 3ou/ moises 3af 3ou not breed fro heuene/ but my fadir 3eueth 3ou verri breed fro heuene/ for it is verri brede that cometh doun fro heuene/ and 3eueth liif to the world. Therfor thei seiden to him/ lord euer 3eue us this breed/ and ihesus seide to hem/ I am breed of liif/ he that cometh to me/ schal not hungre/ he that bileueth in me schal neuer thirst/ but I seide to 3ou that 3e han seen me/ and 3e bileueden not. Al thing that the fadir 3eueth to me schal come to me/ and I schal not cast him out/

G

that cometh to me/ for I cam doun
fro heuene/ not that I do my wille/
but the wille of hym that sente me/
& this is the wille of the fadir that
sente me/ that al thing that the fa‑
dir ȝaf me/ I lese not of it/ but aȝen
reise it in the last dai/ & this is the
wille of my fadir that sente me/
that eche man that seeth the sone/
and bileueth in hym/ haue euer‑
lastynge liif/ and I schal aȝenreise
him in the last dai. Therfor iewis
grucchiden of hym for he hadde
seide. I am breed that cam doun
fro heuene/ and thei seiden/ whe‑
ther this is not ihesus the sone of
Joseph/ whos fadir and modir we
han knowen/ hou thanne seith this
that I cam doun fro heuene/ ther‑
for ihesus answerid and seide to
hem/ nyle ȝe grucche to gidre.
 No man mai come to me/ but
if the fadir that sente me drawe
hym/ and I schal aȝenreise hym
in the last dai.

folio xlviii.

MARK.

AND whanne he hadde take the fyue looues and tweie fischis/ he biheeld in to heuene/ and blessid and brak loues/ and zaf to hise disciplis/ that thei schuln sette bifor hem/ and he departed tweie fischis to alle/ and alle eten and weren fulfillid/ and thei token the reless of broken metis/ twelue coffyns ful/ and of the fischis/ and thei that eten weren fyue thousand of men/ ⁊ anoon he made hise disciplis to gone vpin to a boot/ to passe bifore hym ouer the see to bethsaida/ the while he lefte the puple. ⁋And he saie hem traueilinge in rowinge/ for the wynde was contrarie to hem/ and aboute the fourthe wakinge of the nyzt/ he wandride on the see and cam to hem/ and wolde passe hem/ and as thei saien hym wandringe on the see/ thei gessiden that it were a fan=

tum/ and crieden out/ for alle saien hym/ and thei weren affraied/ and anoon he spak with hem/ and seide to hem/ triste ye/ I am/ nyle ye drede/ and he cam vp to hem in to the boot/ and the wynde cessid/ and thei wondriden more withynne hem silf/ for thei vndirstoden not of the loues/ for her herte was blyndid/ ⁋And whanne thei weren passid ouer the see/ thei camen into the lond of genazareth and settiden to lond/ and whanne thei weren gon out of the boot/ anoon thei knewen hym/ and thei ran thoruȝ al that cuntre/ and bigunnen to brynge sike men in beddis on eche side where thei herden that he was/ and whidir euer he entrid in to vilagis ether in to townes or in to citees/ thei setten sike men in stre‐ tis/ and preieden hym/ that thei schullden touche nameli the hem‐ me of his cloth/ and hou many that touchiden hym weren made saaf.

folio I.

1

MATTHEW.

HE kyngdom of heuenes is lic to an housbonde man/ that wente out first bi the morwen to hire werkmen to his vynezerd/ & whanne couenaunt was made with werkmen of a penye for the day/ he sente hem in to his vynezerd/ and he zede out aboute the thridde oure/ & size othere stondynge idil in the cheping/ and he seide to hem/ go ye also in to my vynezerd/ & that/ that schal be rizt‍ful/ I schal zeue to zou/ & thei wenten forzt/ eftsones he wente out aboute the sixe our/ & the nynthe/ & dide on licke maner/ but aboute the .xj. our he wente out/ & fonde other stondynge & he seide to hem/ what stonden ye idil here al day/ thei seiden to hym/ for no man hath hirid us/ he seide to hem/ go ye also in to my vynezerd. And whanne euenynge was comen/ the

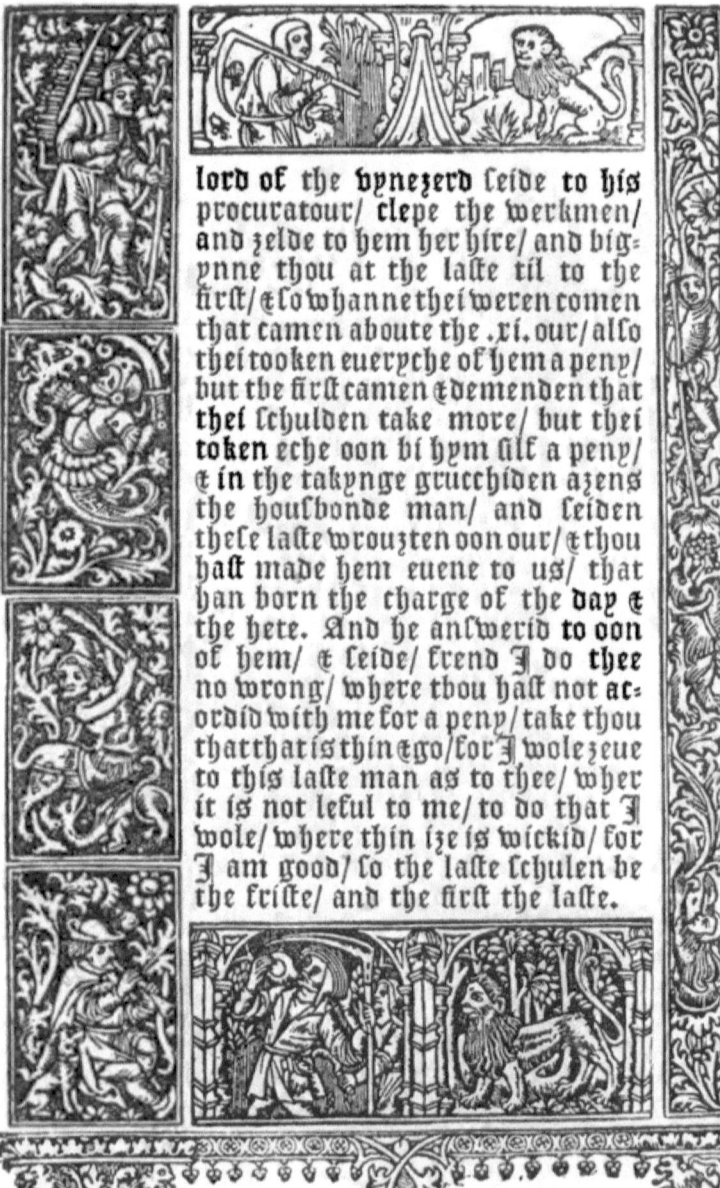

lord of the vyneʒerd ſeide to his procuratour/ clepe the werkmen/ and ʒelde to hem her hire/ and bigynne thou at the laſte til to the firſt/ ⁊ ſo whanne thei weren comen that camen aboute the .xi. our/ alſo thei tooken eueryche of hem a peny/ but the firſt camen ⁊ demenden that thei ſchulden take more/ but thei token eche oon bi hym ſilf a peny/ ⁊ in the takynge grucchiden aʒens the houſbonde man/ and ſeiden theſe laſte wrouʒten oon our/ ⁊ thou haſt made hem euene to us/ that han born the charge of the day ⁊ the hete. And he anſwerid to oon of hem/ ⁊ ſeide/ frend I do thee no wrong/ where thou haſt not acordid with me for a peny/ take thou that that is thin ⁊ go/ for I wole ʒeue to this laſte man as to thee/ wher it is not leful to me/ to do that I wole/ where thin iʒe is wickid/ for I am good/ ſo the laſte ſchulen be the friſte/ and the firſt the laſte.

Colfo liſ.

MATTHEW.

AND Ihesus wente vp to
ierusalem/ ⁊ toke hise
.xij. disciplis in pry=
uyte/ ⁊ seide to hem/ lo
we goen vp to ierusa=
lem/ ⁊ mannes sone schal be bitaken
to the prynces of preestis ⁊ scribis
⁊ thei schulen condempne hym to
deeth/ ⁊ thei schulen bitake hym
to hethen men/ for to be scorned/
and scorgid/ and crucifiede/ ⁊ the
thridde day he schal rise azen to
liif.

Thanne the modir of the sones
of zebidee/ came to hym with her
sones/ onourynge ⁊ arynge sum
thing of hym/ ⁊ he seide to hir what
wilt thou/ sche seide to hym/ seye
that these twey myn sones sitte/
oon at thi rizthalf/ ⁊ oon at thi
lefthalfe in thi kyngdom.

Ihesus answerid ⁊ seide/ ye wi=
ten not what ye axen/ moun ye

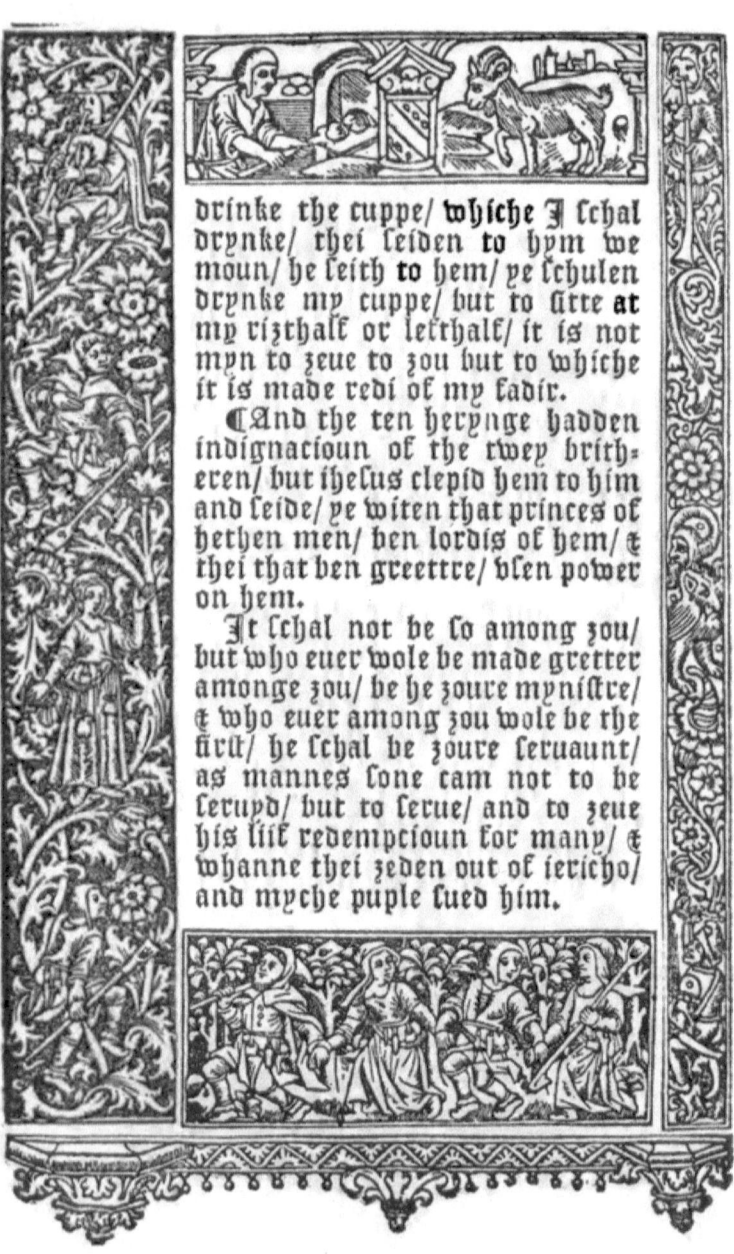

drinke the cuppe/ whiche I schal drynke/ thei seiden to hym we moun/ he seith to hem/ ye schulen drynke my cuppe/ but to sitte at my riȝthalf or lefthalf/ it is not myn to ȝeue to ȝou but to whiche it is made redi of my fadir.

☙And the ten heerynge hadden indignacioun of the twey britheren/ but ihesus clepid hem to him and seide/ ye witen that princes of hethen men/ ben lordis of hem/ & thei that ben greettre/ vsen power on hem.

It schal not be so among ȝou/ but who euer wole be made gretter amonge ȝou/ be he ȝoure mynistre/ & who euer among ȝou wole be the first/ he schal be ȝoure seruaunt/ as mannes sone cam not to be serupd/ but to serue/ and to ȝeue his liif redempcioun for many/ & whanne thei ȝeden out of iericho/ and myche puple sued him.

folio lib.

LUKE.

NETHELES loue ye zoure enemyes and do ye wel/ and lene ye hopyng no thing therof/ & zoure mede schal be myche/ and ye schuln be the sones of the hizist/ for he is benygne on vnkynde men and yuel men. Therfor be ye merciful/ as zoure fadir is merciful/ nyle ye deme/ and ye schuln not be demed/ nyle ye condempne/ and ye schuln not be condempned/ forzeue ye/ and it schal be forzouun to zou/ zeue ye/ and it schal be zouun to zou/ thei schuln zeue in to zoure bosum a good mesure/ and wel fillid and schaken togidre & ouer flowynge/ for bi the same mesure/ bi whiche ye meten/ it schal be meten azen to zou/ and he seide to hem a liknes/ whether the blinde mai lede the blynde/ ne fallen not bothe in to the diche/ a disciple is

not aboue the maistir/ but eche schal be perfizt/ if he be as his maistir/ and what seest thou in thi brothers ize a mote/ but thou biholdist not a beem that is yn thin owne ize/ or hou maist thou seie to thi brother/ brother suffre/ I schal cast out the moot of thin ize/ and thou biholdist not a beem in thin owne ize/ ipocrite/ first take out the beem of thin ize/ and thanne thou schal se to take out the moot of thin brothers ize. It is not a gode tre that makith yuel fruytis/ nether an yuel tre/ that makith good fruytis/ for eueri tre/ is knowen of his fruyt/ and men gadren not figis of thornes/ nether men gadren a grape of a buysche of breris/ a good man/ of the good tresour of his herte/ bryngith forth good thingis/ ¶ an yuel man of the yuel tresour bryngith forth yuel thingis/ for of the plente of the herte/ the mouth spekith.

folio lvi.

JOHN.

ND iheſus paſſynge ſiȝ a man blynde fro the birthe/ and hiſe diſciplis axeden hym/ maiſtir what ſynned this man or hiſe eldris that he ſchulde be borun blynde/ iheſus anſweride/ nether this man ſyn= ned nether hiſe eldris/ but that the werkis of god be ſhewid in hym/ it bihoueth me to worche the werkis of hym that ſente me/ as long as the dai is/ the nyȝt ſchal come/ whanne no man mai worch/ as long as I am in the world/ I am the liȝt of the world. Whanne he hadde ſeide theſe thingis/ he ſpette in to the erthe/ and made cley of the ſpotel/ ⁊ anoyntid the cleie on hiſe iȝen/ and ſeide to hym/ go and be thou waiſchen in the watir of ſiloe that is to ſeie ſente/ thanne he wente and waiſchide/ and cam ſeynge/ and ſo neiȝboris and thei that hadden ſeen hym

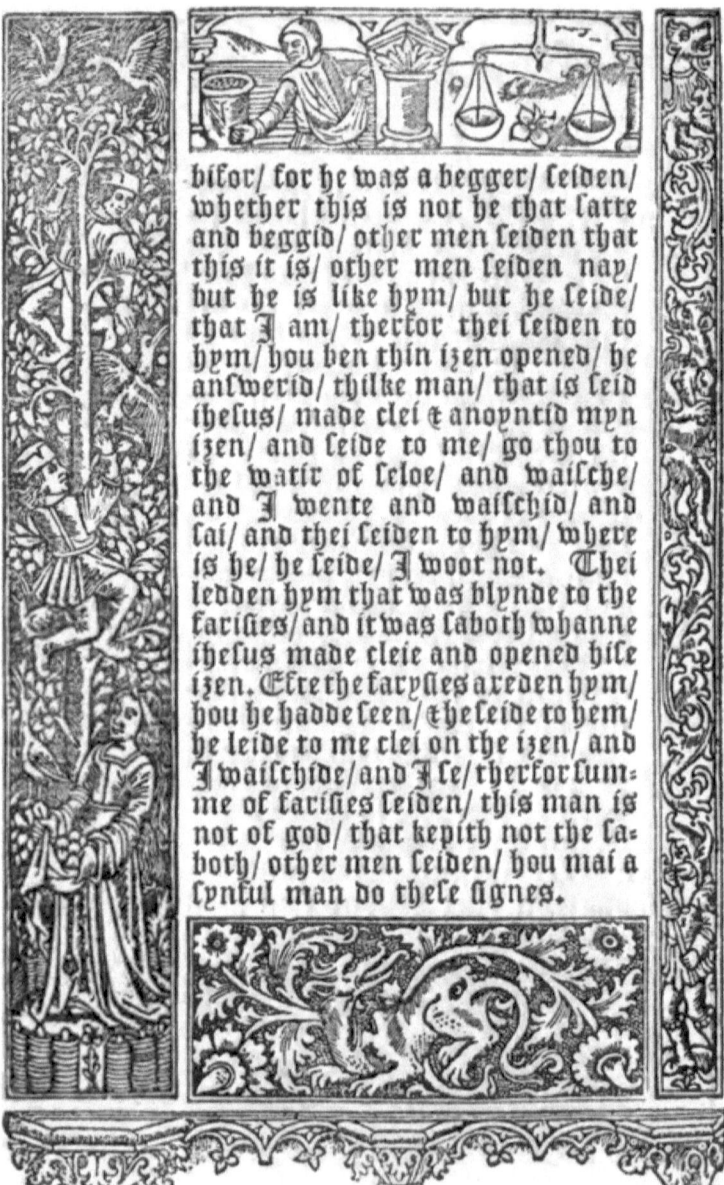

bifor/ for he was a begger/ seiden/ whether this is not he that satte and beggid/ other men seiden that this it is/ other men seiden nay/ but he is like hym/ but he seide/ that I am/ therfor thei seiden to hym/ hou ben thin iȝen opened/ he answerid/ thilke man/ that is seid ihesus/ made clei & anoyntid myn iȝen/ and seide to me/ go thou to the watir of siloe/ and waische/ and I wente and waischid/ and sai/ and thei seiden to hym/ where is he/ he seide/ I woot not. Thei ledden hym that was blynde to the farisies/ and it was saboth whanne ihesus made cleie and opened hise iȝen. Efte the farysies axeden hym/ hou he hadde seen/ & he seide to hem/ he leide to me clei on the iȝen/ and I waischide/ and I se/ therfor summe of farisies seiden/ this man is not of god/ that kepith not the saboth/ other men seiden/ hou mai a synful man do these signes.

Folio lvilj.

JOHN.

HERFOR Ihesus seid to hem eftsone/ truli truli I seie to you/ that I am the dore of the scheep/ as many as han comen/ weren nyзt theues and dai theues/ but the scheep herden not hem/ I am the dore/ if ony man schal entre bi me/ he schal be saued/ and he schal go ynne and schal go out/ and he schal fynde lesewis/ a nyзt theef cometh not/ but that he stele/ sle/ ⁊ lese/ and I cam that thei hab liif/ and haue more plen‑ teuously. I am a good scheepherde/ a good scheepherd зeueth his liif for his scheep/ but an hirid hyne/ and that is not the scheepherd/ whos ben not the scheep his owne/ seeth a wolf compnge ⁊ he leueth the scheep and fleeth/ and the wolf rauyschith/ and disparplith the scheep/ and the hirid hyne fleeth/ for he is an hirid hyne/ and it per‑

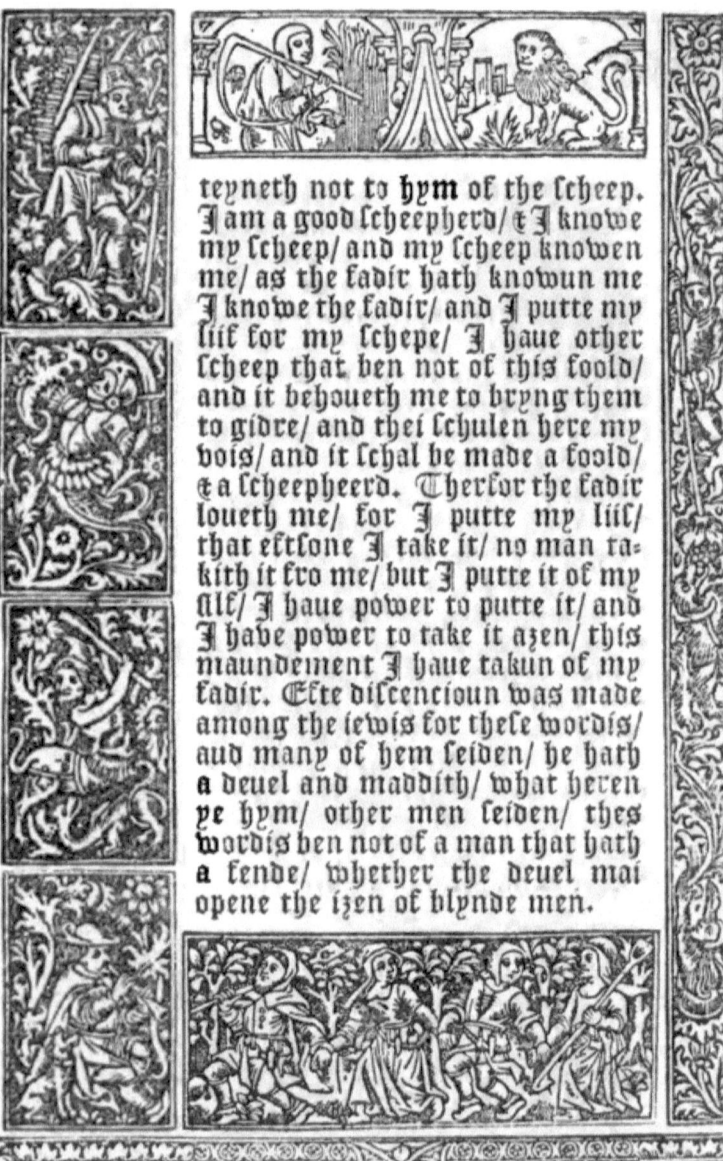

teyneth not to **hym** of the scheep. I am a good scheepherd/ & I knowe my scheep/ and my scheep knowen me/ as the fadir hath knowun me I knowe the fadir/ and I putte my liif for my schepe/ I haue other scheep that ben not of this foold/ and it behoueth me to bryng them to gidre/ and thei schulen here my vois/ and it schal be made a foold/ & a scheepheerd. Therfor the fadir loueth me/ for I putte my liif/ that eftsone I take it/ no man takith it fro me/ but I putte it of my silf/ I haue power to putte it/ and I have power to take it azen/ this maundement I haue takun of my fadir. Efte discencioun was made among the iewis for these wordis/ and many of hem seiden/ he hath a deuel and maddith/ what heren ye hym/ other men seiden/ thes wordis ben not of a man that hath a fende/ whether the deuel mai opene the izen of blynde men.

folio lx.

JOHN.

BUT whanne marie was come/ where ihesus was/ sche seynge hym/ fel doun to his feet and seide to hym/ lord if thou haddist be here/ my brother hadde not be deed/ and therfor whanne ihesus saye hir wepynge/ and the iewis wepinge that weren with hir/ he made noise in spirit/ and troublid hym silf and seide/ where han ye leide hym/ thei seien to hym/ lord come and se/ and ihesus wepte/ therfor the iewis seiden/ lo hou he loued hym/ and summe of hem seiden/ whether this man that opened the izen of the borun blynde man/ myzte not make that this schulde not die/ therefor ihesus est makynge noise in hym silf/ cam to the graue/ and there was a denne and a stone leide thereon. And ihesus seith/ take ye awey e the stoon/ martha the sistir of

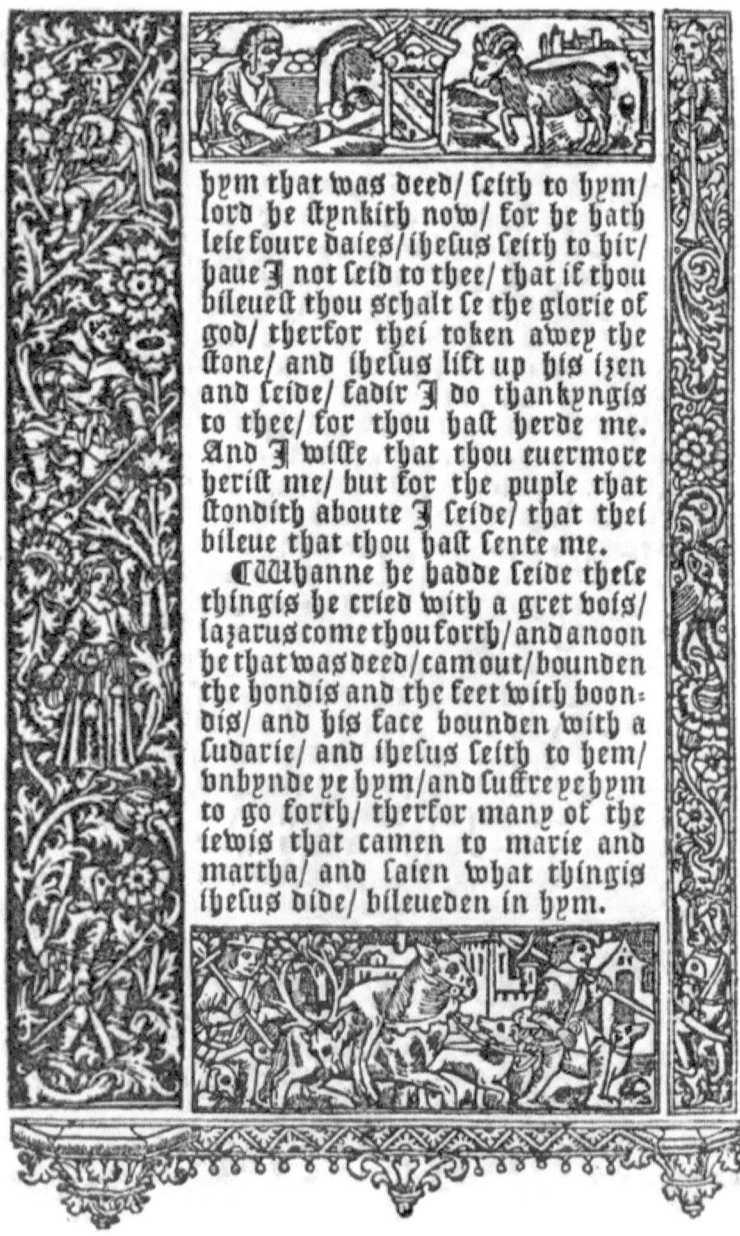

hym that was deed/ seith to hym/ lord he stynkith now/ for he hath lese foure daies/ ihesus seith to hir/ haue I not seid to thee/ that if thou bileuest thou schalt se the glorie of god/ therfor thei token awey the stone/ and ihesus lift up his izen and seide/ fadir I do thankyngis to thee/ for thou hast herde me. And I wiste that thou euermore herist me/ but for the puple that stondith aboute I seide/ that thei bileue that thou hast sente me.

⁋Whanne he hadde seide these thingis he cried with a gret vois/ lazarus come thou forth/ and anoon he that was deed/ cam out/ bounden the hondis and the feet with boon= dis/ and his face bounden with a sudarie/ and ihesus seith to hem/ vnbynde ye hym/ and suffre ye hym to go forth/ therfor many of the Iewis that camen to marie and martha/ and saien what thingis ihesus dide/ bileueden in hym.

folio lxiſ.

MATTHEW.

ERE ye another parable/ there was an housbondeman that plauntid a vynezerd/ & heggid it aboute/ & dalf a pressour therynne/ & bildide a toure/ & hired it to erthetiliers/ and wente fer in pilgrymage/ but whanne the tyme of fruytis nyzede/ he sente hise seruauntis to the erthetiliers to take fruytis of it/ & the erthetiliers token hise seruauntis & betyn the oon/ thei slowen another & stoneden another/ eftsones he sente othere seruauntis/ mo thanne the first/ & in liik maner thei diden to hem/ & at the last he sente his sone to hem & seide/ thei schulen drede my sone/ but the erthe tiliers seynge the sone/ seiden withynne hem silf/ this is the eir come ye/ sle we hym/ & we schulen haue his eritage/ & thei tooken & castiden hym out of the vynezerd/ & slowen him/ ther=

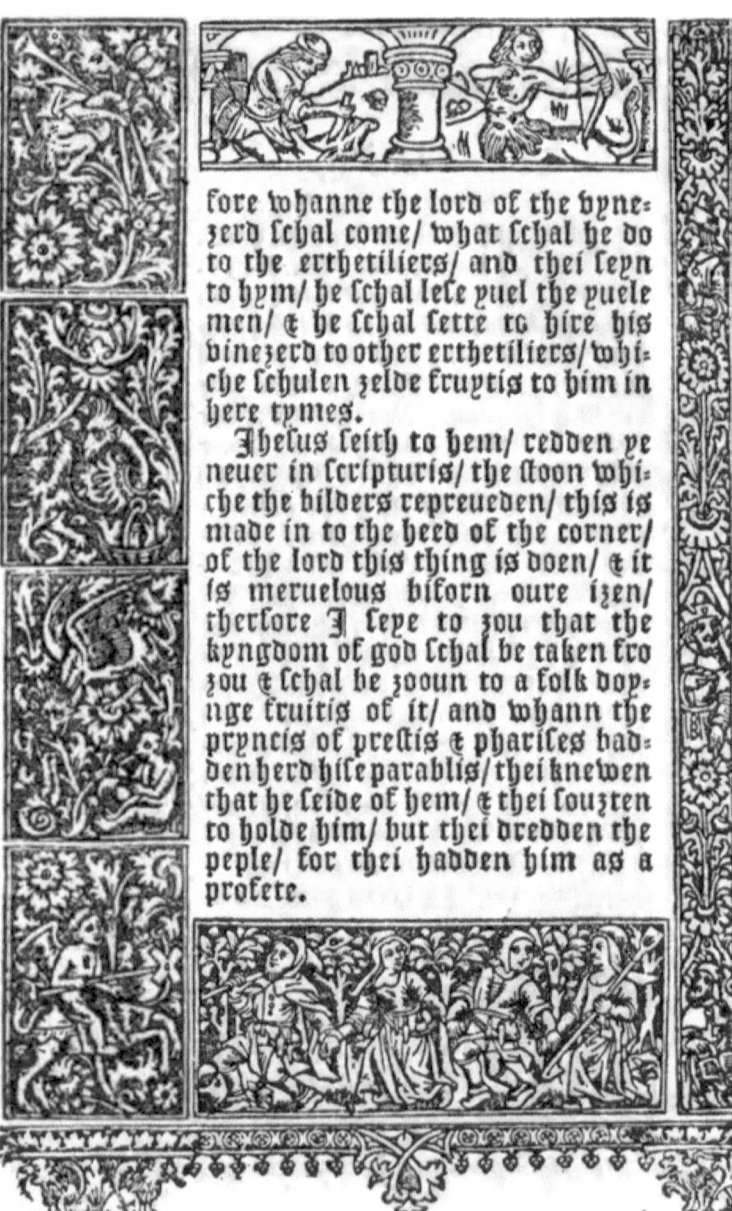

fore whanne the lord of the vyne-
zerd schal come/ what schal he do
to the erthetiliers/ and thei seyn
to hym/ he schal lese yuel the yuele
men/ & he schal sette to hire his
vinezerd to other erthetiliers/ whi-
che schulen zelde fruytis to him in
here tymes.

Ihesus seith to hem/ redden ze
neuer in scripturis/ the stoon whi-
che the bilders repreueden/ this is
made in to the heed of the corner/
of the lord this thing is doen/ & it
is meruelous biforn oure izen/
therfore I seye to zou that the
kyngdom of god schal be taken fro
zou & schal be zooun to a folk doy-
nge fruitis of it/ and whann the
pryncis of prestis & pharises had-
den herd hise parablis/ thei knewen
that he seide of hem/ & thei souzten
to holde him/ but thei dredden the
peple/ for thei hadden him as a
profete.

folio lxiv.

LUKE.

HERE was a riche man that was clothid with purpur and whizt silk/ and ete eueri dai schynyngli/ and there was a begger lazarus bi name that laie at his zate ful of bilis/ and coueitid to be fulfillid of the crummes that fillin doun fro the riche mannes borde/ and no man zaf to him/ but houndis camen/ & likkiden his bilis/ and it was don that the begger died/ and was borun of aungelis in to abrahams bosum/ the riche man was deed also/ and was buried in helle. ¶And he reisid his izen whanne he was in turmentis and saie abraham afer/ and lazarus in his bosum/ and he cried and seide/ fadir abraham haue merci on me/ and sende lazarus that he depe the end of his fynger in watir/ to kele my tunge/ for I am turmentid in this flawme/ and

abraham seide to hym/ sone haue mynde/ for thou hast resceyued good thingis in thi liif/ lazarus also yuel thingis/ but he is now counfortid/ and thou art turmentid/ & in alle these thingis/ a greet derke place is stablischid bytwixe us and ʒou/ that thei that wolen fro hennes passe to ʒou/ moun not/ nether fro thennes passe ouer hidir.

And he seide thanne I preie thee fadir/ that thou sende hym in to the hous of my fadir/ for I haue fyue bretheren/ that he witnesse to hem/ leest also thei come in to this place of turmentis/ and abraham seide to hym/ thei han moises and the profetis/ here thei hem/ and he seide/ nai fadir abraham/ but if ony of deed men go to hem/ thei schuln do penaunce/ & he seide to hym/ if thei heren not moises and the profetis/ nether if ony of deed men risun aʒen/ thei schuln bileue to hym.

folio lxvi.

MATTHEW.

HANNE pharisees zeden awey & tooken a counceile/ to take ihesus in word/ and thei senden to hym her disciplis with erodianes/ & seiden/ maistir we witen that thou art sothefast/ & thou techist in treuthe the wey of god/ & thou chargist not of ony man/ for thou biholdist not the persone of men/ therfor seie to us/ what it semith to thee/ is it leueful that tribute be zouun to the emperour ether nay/ & whanne ihesus hadde knowen the wickidnesse of hem/ he seide ipocritis what tempten ye me/ schewe ye to me the prynte of the monei/ and thei brouzten to hym a peny/ & ihesus seide to hem/ whos is this ymage/ & the writynge aboue/ thei seien to hym/ the emperous/ thanne he seith to hem/ therfore zelde ye to the emperour/ tho thin=

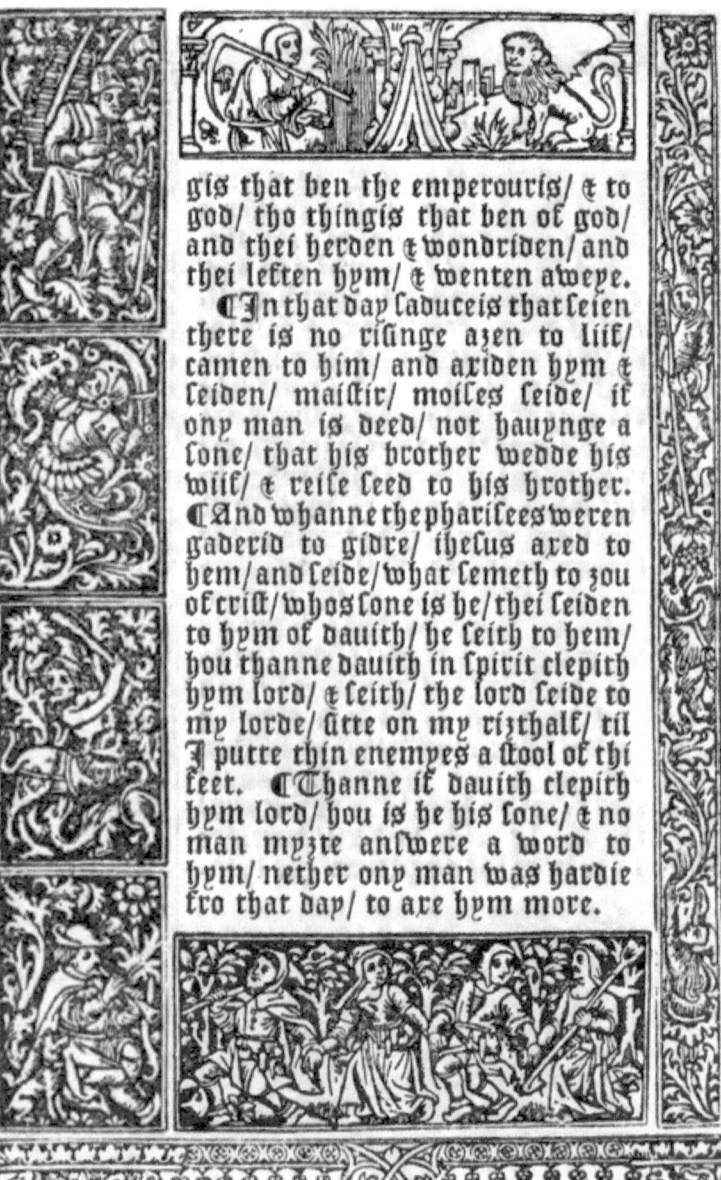

gis that ben the emperouris/ ⁊ to god/ tho thingis that ben of god/ and thei herden ⁊ wondriden/ and thei leften hym/ ⁊ wenten aweye.

¶ In that day saduceis that seien there is no risinge aȝen to liif/ camen to him/ and axiden hym ⁊ seiden/ maistir/ moises seide/ if ony man is deed/ not hauynge a sone/ that his brother wedde his wiif/ ⁊ reise seed to his brother. ¶ And whanne the pharisees weren gaderid to gidre/ ihesus axed to hem/ and seide/ what semeth to ȝou of crist/ whos sone is he/ thei seiden to hym of dauith/ he seith to hem/ hou thanne dauith in spirit clepith hym lord/ ⁊ seith/ the lord seide to my lorde/ sitte on my riȝthalf/ til I putte thin enemyes a stool of thi feet. ¶ Thanne if dauith clepith hym lord/ hou is he his sone/ ⁊ no man myȝte answere a word to hym/ nether ony man was hardie fro that day/ to axe hym more.

folio lxviij.

MATTHEW.

HANNE jhesus spak to the puple/ ⁊ to hise disciplis ⁊ seide/ on the chaiere of moises/ scribis and pharisees hau sette/ therfor kepe ye ⁊ do ye alle thingis what euer thingis thei seien to you/ but nyle ye do aftir her werkis/ for thei seien ⁊ doen not/ ⁊ thei bynden greuous chargis ⁊ that moun not be born/ ⁊ putten on schuldris of men/ but with her fynger thei wole not moue hem/ ⁊ therfore thei doen alle her werkis/ that thei be seien of men/ for thei drawen abrood her fflateries/ ⁊ magnyfien hemmes/ and thei louen the first sittynge placis in sopers/ ⁊ the first chaiers in synagogis/ ⁊ salutaciouns in cheppynge/ ⁊ to be clepid of men maister/

⁊ but nyle ye be clepid maistir for oon is youre maistir/ ⁊ alle ye ben britheren/ ⁊ nyle ye clepe to

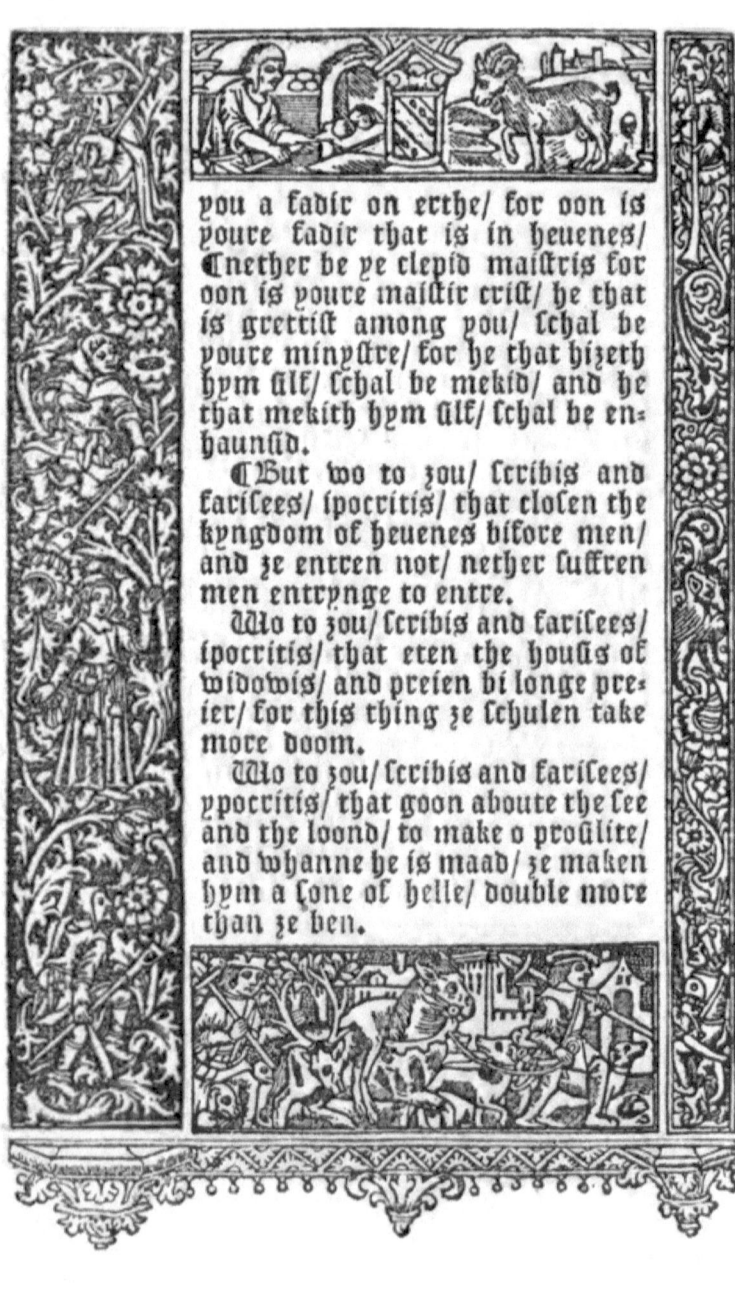

you a fadir on erthe/ for oon is youre fadir that is in heuenes/ Nether be ye clepid maistris for oon is youre maistir crist/ he that is grettist among you/ schal be youre mynystre/ for he that hizeth hym silf/ schal be mekid/ and he that mekith hym silf/ schal be enhaunsid.

⁋But wo to zou/ scribis and farisees/ ipocritis/ that closen the kyngdom of heuenes bifore men/ and ze entren not/ nether suffren men entrynge to entre.

Wo to zou/ scribis and farisees/ ipocritis/ that eten the housis of widowis/ and preien bi longe preier/ for this thing ze schulen take more doom.

Wo to zou/ scribis and farisees/ ypocritis/ that goon aboute the see and the loond/ to make o prosilite/ and whanne he is maad/ ze maken hym a sone of helle/ double more than ze ben.

folio lxx.

MATHEW.

ND he that swerith in the temple/ swerith in it & in hym that dwellith in the temple/ and he that swerith in heuene/ swerith in the trone of god/ & in hym that sittith theron. ⁋Wo to ʒou scribis and phariseis ipocritis/ that tithen mynte anes & compne & han lefte tho thingis that ben of more charge of the lawe/ doom & merci & feith/ and it bihoud to do these thingis & not to leue tho/ blinde leders clensenge a gnat/ but swolowynge a camel. ⁋Wo to ʒou scribis & phariseis ipocritis that clensen the cuppe & plater with oute forth/ but withynne ʒe ben ful of raueyne & vnclennesse/ thou blynde pharisee clense thou the cuppe & the plater with ynne forth/ that that is with oute forth/ be made clene. ⁋Wo to ʒou scribis and phariseis ipocritis/ that ben like to sepulcris

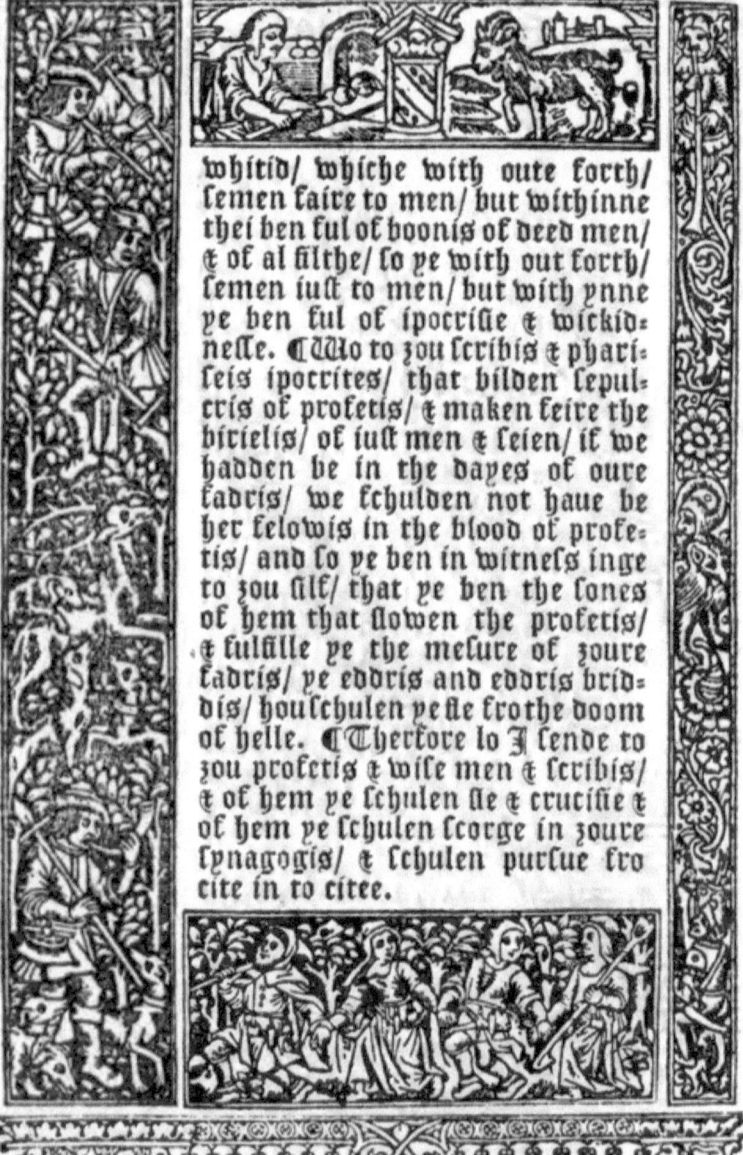

whitid/ whiche with oute forth/ semen faire to men/ but withinne thei ben ful of boonis of deed men/ ⁊ of al filthe/ so ye with out forth/ semen iust to men/ but with ynne ye ben ful of ipocrisie ⁊ wickidnesse. ¶Wo to zou scribis ⁊ phariseis ipocrites/ that bilden sepulcris of profetis/ ⁊ maken feire the birielis/ of iust men ⁊ seien/ if we hadden be in the dayes of oure fadris/ we schulden not haue be her felowis in the blood of profetis/ and so ye ben in witnessinge to zou silf/ that ye ben the sones of hem that slowen the profetis/ ⁊ fulfille ye the mesure of zoure fadris/ ye eddris and eddris briddis/ hou schulen ye fle fro the doom of helle. ¶Therfore lo I sende to zou profetis ⁊ wise men ⁊ scribis/ ⁊ of hem ye schulen sle ⁊ crucifie ⁊ of hem ye schulen scorge in zoure synagogis/ ⁊ schulen pursue fro citee in to citee.

folio lxxij.

folio lxxiij.

MATTHEW.

That al the iust blood come on ȝou/ that was sched on the erthe/ fro the blood of iust abel/ to the blood of zacharie the sone of barachie/ whom ȝe slowen bitwixe the temple and the auter/ truli I seye to ȝou/ alle these thingis schulen come on this generacioun. Ierusalem ierusalem that sleest prosetis & stonest hem that ben sent to thee/ hou ofte wolde I gadir togidre thi children as an henne gaderith togidre hir chekenes vndir hir wengis/ & thou woldist not/ lo ȝoure hous schal be leest to ȝou desert/ and I seye to ȝou/ ȝe schulen not se me fro hennes forthe til ȝe seien/ blessid is he that cometh in the name of the lord.

ND ihesus wente out of the temple/and hise disciplis camen to hym/ to schewe hym the bildyngis of the temple/ but he answerid & seide to

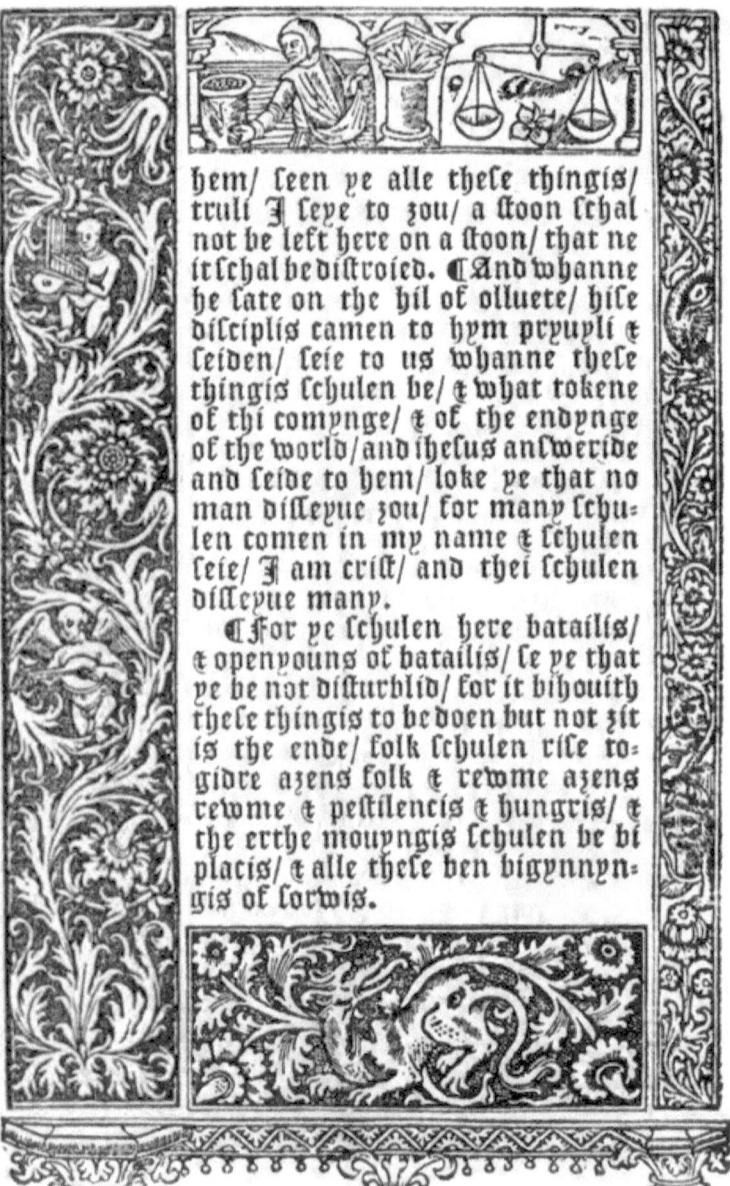

hem/ seen ye alle these thingis/ truli I seye to you/ a stoon schal not be left here on a stoon/ that ne it schal be distroied. ¶And whanne he sate on the hil of olluete/ hise disciplis camen to hym pryuyli & seiden/ seie to us whanne these thingis schulen be/ & what tokene of thi comynge/ & of the endynge of the world/ and iħesus answeride and seide to hem/ loke ye that no man disseyue you/ for many schulen comen in my name & schulen seie/ I am crist/ and thei schulen disseyue many.

¶For ye schulen here batailis/ & openyouns of batailis/ se ye that ye be not disturblid/ for it bihouith these thingis to be doen but not yit is the ende/ folk schulen rise to‐gidre azens folk & rewme azens rewme & pestilencis & hungris/ & the erthe mouyngis schulen be bi placis/ & alle these ben bigynnyn‐gis of sorwis.

folio lxxiv.

MARK.

BUT in tho dayes aftir that tribulacioun/ the sunne schal be made derk/ and the mone schal not zeue her lizt/ and the sterris of heuene schuln falle doun/ & the vertues that ben in heuenes/ schuln be mouede/ and thanne thei schulen se mannis sone comynge in cloudis of heuene with great vertue and glorie/ and thanne he schal sende his aungelis & schal gadere his chosun fro the foure wyndis fro the hizist thing of erthe/ til to the hizist thing of heuene.

But of the fige tre/ leerne ye the parable/ whanne now his braunchis is tendre/ and leues ben sprungen oute/ ye knowen that somer is nyz/ so whanne ye seen these thingis be don/ wite zee that it is nyz in the doris.

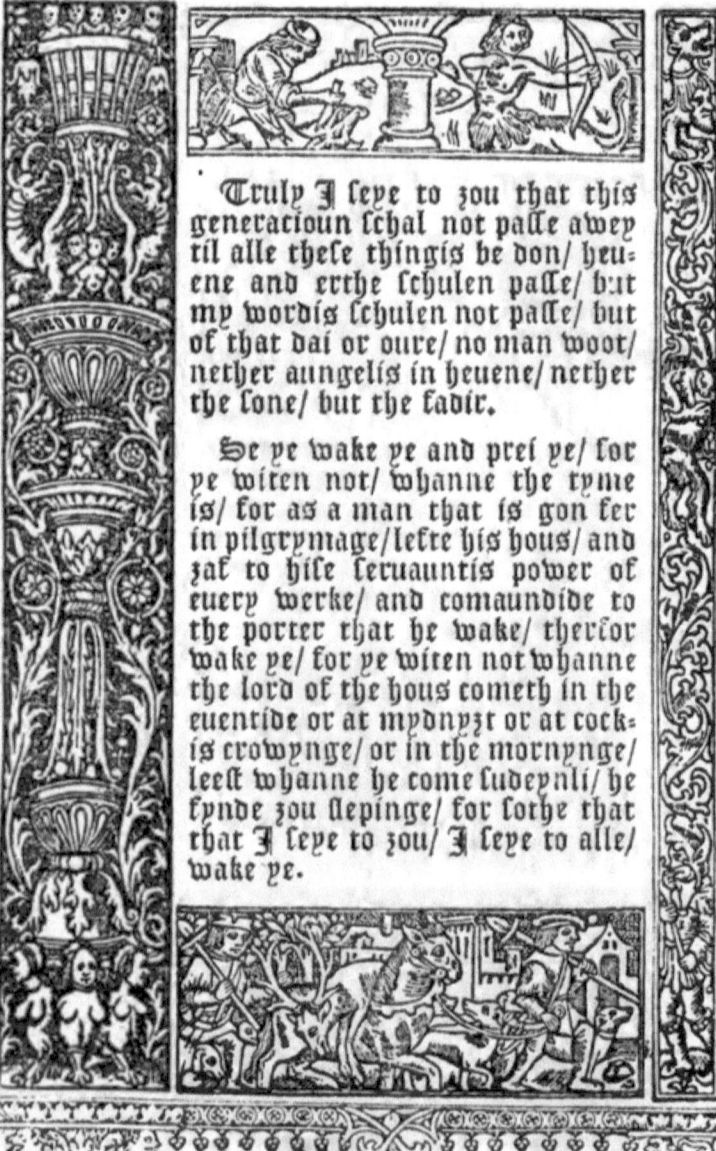

Truly I seye to you that this generacioun schal not passe awey til alle these thingis be don/ heuene and erthe schulen passe/ but my wordis schulen not passe/ but of that dai or oure/ no man woot/ nether aungelis in heuene/ nether the sone/ but the fadir.

Se ye wake ye and prei ye/ for ye witen not/ whanne the tyme is/ for as a man that is gon fer in pilgrymage/ lefte his hous/ and 3af to hise seruauntis power of euery werke/ and comaundide to the porter that he wake/ therfor wake ye/ for ye witen not whanne the lord of the hous cometh in the euentide or at mydny3t or at cockis crowynge/ or in the mornynge/ leest whanne he come sudeynli/ he fynde 3ou slepinge/ for sothe that that I seye to 3ou/ I seye to alle/ wake ye.

folio lxxvi.

MATTHEW.

HANNE Ihesus came with hem in to a toun/ that is seide Ieſſemany/ and he seide to hise disciplis sitte ye heere/ the while I go thedir ⁊ praye/ ⁊ he zede forth a litil ⁊ fil doun on his face/ preiynge ⁊ seiynge/ my fadir if it is possible/ passe this cuppe fro me/ netheles not as I wole/ but as thou wolte/ ⁊ he that bitraied hym/ zaf to hem a tokene ⁊ seide/ whom euer I kisse/ he it is holde ye him/ ⁊ anoon he came to Ihesus and seide/ heil maistir/ and he kissid hym/ ⁊ thei helden Ihesus ⁊ ledden hym to caiface the prynce of preestis/ where the scribis ⁊ the pharisees ⁊ the elder men of the puple weren come to gidre/ ⁊ thei ledden hym bounden/ ⁊ bitook to pilat of pounce iustice/ and thei foldynge a crowne of thornes putten on his heede/ and a reed in his rizt=

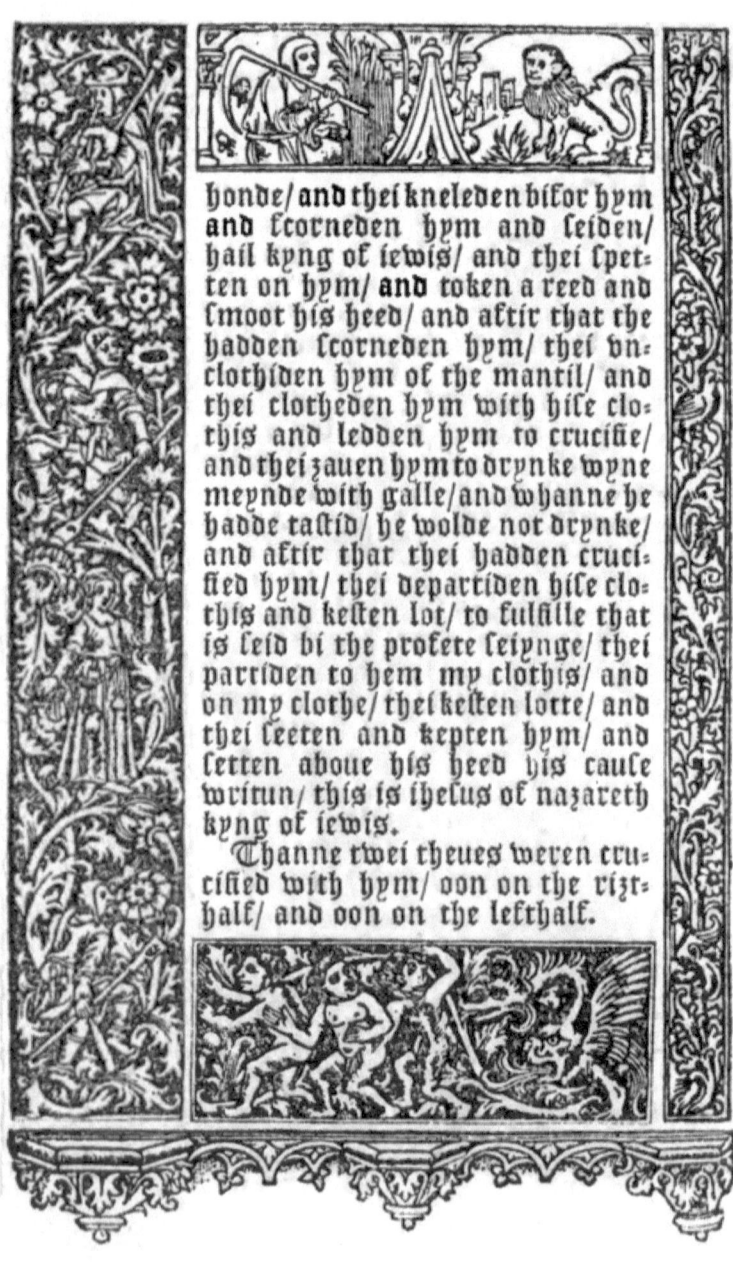

honde/ and thei kneleden bifor hym and scorneden hym and seiden/ hail kyng of iewis/ and thei spetten on hym/ and token a reed and smoot his heed/ and aftir that thei hadden scorneden hym/ thei vnclothiden hym of the mantil/ and thei clotheden hym with hise clothis and ledden hym to crucifie/ and thei ȝauen hym to drynke wyne meynde with galle/ and whanne he hadde tastid/ he wolde not drynke/ and aftir that thei hadden crucified hym/ thei departiden hise clothis and kesten lot/ to fulfille that is seid bi the profete seiynge/ thei partiden to hem my clothis/ and on my clothe/ thei kesten lotte/ and thei seeten and kepten hym/ and setten aboue his heed his cause writun/ this is ihesus of nazareth kyng of iewis.
     Thanne twei theues weren crucified with hym/ oon on the riȝthalf/ and oon on the lefthalf.

folio lxxviij.

JOHN.

FTIRWARD ihe-
sus eftsone schewid
hym to his disciplis/
at the see of tiberias/
and he schewid hym
thus/ there were to gidre symount
petir and thomas/ that is seide
didymus/ and natanael that was
of the cane of galilee/ and the sones
of zebede/ and twey other of his
disciplis/ symount petir seith to
hem/ I go to fische/ thei seien to
hym/ & we comen with thee/ and
thei wenten out and wente in to a
boot/ and in that nyȝt thei tokun
no thing/ but whanne the morowe
was come/ ihesus stood in the bry-
nke/ netheles the disciplis knewen
not that it was ihesus/ therfor
ihesus seith to hem/ children where
ye han ony soupinge thing/ thei
answerden to hym/ nay/ he seide
to hem/ putte ye the nette in to the
riȝthalf of the rowynge and ye

schuln fynde/ and thei puttiden the nette/ and thanne thei myȝten not drawe it for multitude of fis‐ chis. ❡Therfor thilke disciple/ whom ihesus loued seide to petir/ it is the lord. Symount petir whanne he hadde herde that it is the lord/ girde hym with a coote for he was nakid/ and wente in to the see. And as thei camen doun in to the lond/ thei saien colis lig‐ gynge/ and a fische leide on/ and breed. Ihesus seith to hem/ bry‐ nge ye of the fischis/ whiche ye han takun now/ symount petir wente up & drowȝ the nette in to the lond ful of greet fischis/ an hundrid fifti and thre/ and whanne thei weren so many/ the nette was not brokun. Ihesus seith to hem/ come ye ete ye/ and no man of hem that saten at the mete durste axe hym/ Who art thou witynge that it is the lord/ & ihesus cam & took breed and ȝaf to hem/ & fisch also.

folio lxxx.

LUKE.

AND the while thei spaken these thingis/ Ihesus stood in the myddil of hem/ and seide to hem/ pees to ȝou/ I am/ nyle ȝe drede/ but thei weren affraiede and agast/ and gessiden hem to se a spirit/ and he seide to hem/ what ben ȝe troublid/ and thouȝtis comen up in to ȝoure hertis/ se ȝe myn hondis/ and my feet/ for I my silf am/ fele ȝe and se ȝe/ for a spirit hath not fleisch and bones/ as ȝe seen that I haue/ & whanne he hadde seid this thing he schewid hondis and feet to hem/ and ȝit while thei bileueden not/ and wondrid for ioie/ he seide/ han ȝe here ony thing that schal be eten/ and thei proferden hym a part of a fisch rooftid/ and an hony combe/ and whanne he hadde eten bifor hem/ he toke that that lefte and ȝaf to hem. ℭAnd seide to

hem/ these ben the wordis that I spake to zou/ whanne I was zit with zou/ for it is nede that alle thingis ben fulfillid/ that ben writun in the lawe of moises and in profetis/ and in salmes of me. Than he opened to hem witte/ that thei schulden vndirstonde scripturis.

MARK.

AND he seide to hem/ go ye in to al the world/ & preche the gospel to ech creatur/ Who that bileueth & is baptisid/ schal be saaf/ but he that bileueth not/ schal be dampned/ & thes tokenes schuln sue hem that bileuen/ In my name/ thei schuln caste out feendis/ thei schuln speke with newe tungis/ thei schuln do awey serpentis/ and if thei drynken ony venym/ it schal not noye hem/ thei schuln set her hondis on sike men/ & thei schuln were hool.

folio lxxxij.

www.ingramcontent.com/pod-product-compliance
Lightning Source LLC
Chambersburg PA
CBHW030306170426
43202CB00009B/894